AF561266

LA SPIRITUALITÉ LIBÉRÉE

LA SPIRITUALITÉ LIBÉRÉE

À la recherche du bonheur,
d'une façon simple et pragmatique

Marc Dorel

ISBN : 978-2-37011-606-2
Éditions Hélène Jacob – 13 Impasse Victor Gesta – 31200 Toulouse
Imprimé par Ingram
11,90 €
Dépôt Légal Mars 2018

Design couverture : Jérémy Calli

Préambule

Je suis *serial* entrepreneur. Toutes mes décisions sont fondées sur des faits, des chiffres et un maximum d'éléments rationnels, afin d'être le plus proche possible d'une réalité dite de marché, pour satisfaire ma cible. J'en suis pourtant venu à écrire un livre sur la spiritualité et je vais tenter de vous expliquer comment et pourquoi.

J'ai découvert depuis plusieurs années la méditation, que j'ai trouvée très bénéfique personnellement, et, notamment, un livre de Matthieu Ricard, *Plaidoyer pour le bonheur*, lors d'un voyage au Népal, dans un cadre incroyable qui se prête à la réflexion intérieure.

En 2011, je suis revenu changé par ce voyage, par les enseignements que j'ai reçus et que j'ai essayé d'appliquer à ma vie. J'étais devenu plus calme, plus zen et j'avais appris à mieux canaliser mon énergie. C'est ainsi que j'ai continué à être ouvert et attentif à la méditation, et à la pratiquer du mieux que je pouvais.

Mon expérience, principalement fondée sur des livres, s'est poursuivie en 2016. J'ai lu un livre de Bernard Werber, auteur très connu ayant écrit le best-seller *Les fourmis*. Le livre qui a retenu mon attention a pour titre *Les thanatonautes* (les voyageurs de la mort). Ce livre, très bien écrit, m'a passionné et m'a donné envie de creuser davantage le sujet de la spiritualité.

Son approche est faite par la lumière blanche que voient certains patients, lors d'opérations chirurgicales lourdes.

J'ai, depuis, vécu de nombreuses expériences, festivals, voyages, rencontres spirituelles, qui m'ont convaincu de la nécessité, pour notre société, d'aller vers des savoirs liés à cette thématique.

J'aimerais, par ce modeste ouvrage, ouvrir votre intérêt de la manière la plus pragmatique possible, pour vous donner envie d'aller plus loin sur le sujet.

Je veux permettre aux gens de comprendre la spiritualité, de manière simple et sans aucun préjugé, les guider le plus possible par les rencontres et les faits qui se sont révélés à moi au cours de mes recherches. C'est pour moi, avant tout, une manière d'être plus heureux dans sa vie…

Pour vous expliquer mon mode de pensée (afin d'éviter que vous ne vous posiez la question durant votre lecture) :

1 – Je me considère comme un athée spirituel.

2 – Mes parents ne pratiquent pas de religion.

3 – J'ai entendu suffisamment de témoignages concernant la lumière blanche, venant de gens qui disent (en vrai ou à la télé) avoir vécu des phénomènes non expliqués (dits paranormaux), pour que je garde une ouverture d'esprit authentique pour ces questions et que je veuille les creuser.

4 – Je suis curieux et, quand il y a des choses que je ne comprends pas, j'agis pour les comprendre, et pour que cela devienne plus clair pour moi.

5 – Je ne prends pas de plantes qui pourraient déformer ma perception des choses.

6 – J'ai déjà essayé de clarifier le sujet du management avec *Le management libéré*, ou comment rendre le management en

entreprise plus humain et, dans le même temps, que cela soit plus profitable pour l'entreprise d'agir de cette manière.

7 – J'ai, à partir de ce livre, créé, avec un associé, une entreprise qui s'appelle Humanaa.org.

8 – J'ai une démarche issue de l'entrepreneuriat, avec des faits, des sources (même si, sur ce sujet, ce n'est pas toujours évident, j'en ai trouvé près de 150, majoritairement académiques) et, sans qualifier ma démarche de scientifique, j'adopte au moins une démarche rationnelle, fondée sur des sources les plus fiables possibles.

9 – Je ne suis pas prof, gourou, ou quoi que ce soit qui vise à dire comment il faut faire ; mon intention est de partager humblement avec vous mes recherches et, si elles vous sont (même un peu) bénéfiques, alors je serai content !

10 – Mon objectif de vie est de contribuer, par mes projets, à rendre la société un peu plus bienveillante.

Maintenant que vous me connaissez mieux, on peut commencer, ensemble, l'étude de ce vaste sujet. Je n'ai pas la prétention de vous livrer un savoir absolu. Je vais vous faire un bilan de mes recherches, le plus juste et pragmatique possible, pour essayer de rendre simple la spiritualité et pour que vous puissiez y aller sans peur. Vous pouvez remettre en cause tout ou certaines parties. Posez-vous la question : le texte correspond-il à une réalité que vous souhaitez voir dans votre vie ? Et surtout, expérimentez pour voir si ce que je dis a un sens !

C'est parti !

I – Début de compréhension de soi-même

1 – Libérer son mental en laissant de côté son ego et arrêter de tout intellectualiser

Les premiers impondérables sur lesquels vous pouvez travailler sont votre ego et votre mental. Ces deux éléments sont à l'origine d'un état d'esprit fermé. La spiritualité, au contraire, c'est accepter les choses que vous allez vivre et expérimenter par le laisser-aller.

Qu'est-ce que l'ego ?

Notre ego est notre identité, il se forme dès notre plus jeune âge, puis tout au long de notre vie par :[1] [2]

– Notre éducation parentale et scolaire.

– Nos propres expériences, qui font nos réussites et nos non-réussites (l'échec n'existe pas, dans la non-réussite il y a toujours une part de positif à tirer de l'expérience).

– Notre environnement social, professionnel et culturel. Il exige de nous des codes, des us et coutumes, etc.

– Nos blessures ressenties ou créées.

– Notre sensibilité personnelle.

– Nos peurs, etc.

Il est ce pour quoi nous nous prenons.

---

[1] GREAU, Maxime. *Le petit guide spirituel du Bonheur*. Pornichet, Autoédition, 2012, 69 p.

[2] DURKHEIM, Émile. *Les Règles de la Méthode Sociologique*, Paris, Alcan, 1895, 256 p.

Il est notre personnage. L'ego est omniprésent et prend plus ou moins de place en nous. Nous avons du mal à faire la différence entre nous et lui, car nous croyons être ce personnage.

« L'ego n'est pas le propriétaire de la conscience, il en est l'objet. » (Jean-Paul Sartre)

Plus nous nous faisons d'histoires, plus notre ego prend de la place. Combien de gens agissent différemment en public et en privé, à cause de leur ego et de leur peur de se dévoiler et de montrer qui ils sont réellement, par crainte de paraître vulnérables ?

L'ego *« est moins ce que je suis que ce que je crois être ».* (André Comte-Sponville)

Je ne veux pas non plus que vous croyiez que l'ego est le mal absolu. Ce n'est pas le sens de ces propos. L'ego, en soi, n'est ni bien ni mal, mais il devient néfaste lorsqu'il représente notre seul mode d'identification. Quand on s'identifie uniquement à notre apparence, notre âge, notre sexe, notre statut social ou encore nos possessions matérielles, alors, c'est cet élément qui nous contrôle, et non l'inverse.

*
* *

« L'ego est un mal nécessaire, comme un véhicule de location. Nous avons besoin de lui pour traverser la vie, comme d'un moyen de locomotion. » (Christophe André)

L'ego est dans le jugement permanent, dans l'a priori, dans l'étiquetage des gens, des choses, des situations et empêche de vivre pleinement, dans le présent et la réalité de la situation. Il est néanmoins indispensable pour vivre en société et accepter les règles sociales, la cohabitation avec les autres, l'adaptation à la vie en collectivité. De trop nombreuses personnes se laissent emprisonner par leur ego, ce qui ne laisse plus de place à l'expression de leur être. C'est un équilibre subtil à trouver pour mieux vivre.

Qu'est-ce que l'être ?

L'être est notre vrai nous, il est dans la sensation, dans le présent, sans le jugement et permet de voir les choses telles qu'elles sont. Il ne cherche pas à se défendre, il est dans l'expérience.

Selon des chercheurs de Yale, l'être, ou « Vrai moi », est universel et se retrouverait dans toutes les cultures, mais il serait impossible d'en démontrer l'existence.[3]

« Deviens de ce que tu es. » (Friedrich Nietzsche)

Pour mieux comprendre les deux, mettons-les en perspective.

Face à une situation donnée, l'être et l'ego :

L'ego prend le dessus sur qui on est. Il nous empêche de voir qui nous sommes vraiment et d'être connectés à notre être. L'être est le vrai nous.

– L'être : Face à une situation donnée, l'être vit chaque moment comme une expérience par rapport à qui nous sommes. Son but est d'observer, de comprendre et d'apprendre, pour grandir davantage.

– L'ego : En revanche, l'ego adopte une posture de défense pour se protéger, en se bloquant et en réagissant de manière excessive à une situation donnée, ce qui obscurcit totalement notre jugement profond.

---

[3] STROHMINGER, Nina ; KNOBE, Joshua ; NEWMAN, George, 2017, *The True Self: A psychological concept distinct from the self*, PhilPapers.

Exemple : Les jugements, les a priori, lorsqu'on met les gens dans des cases trop rapidement, cela est dû à l'ego. On n'est plus dans l'expérimentation, mais dans le préjugé. On vit dans l'être lorsqu'on n'a pas de préjugés et qu'on se construit son avis en côtoyant une personne.

***

Le mental et l'ego sont facilement reconnaissables. Ils sont dans le jugement de ce qui est. C'est-à-dire que le présent ne les satisfait pas et ils recherchent ailleurs ce qui pourrait les contenter. Notre mental a toujours quelque chose à redire sur le passé ou le futur.

La plupart du temps, le passé est utilisé pour se plaindre ou pour justifier le présent. Ça donne des commentaires comme : « Avec tout ce qui m'est arrivé… » ; « Je n'ai jamais eu de chance… » ; « C'est de la faute de… », etc.

Le futur, lui, prend souvent la forme de projections. L'avenir, pour l'ego, est soit incertain soit angoissant. On peut imaginer, par exemple : « Vu comme je suis, je ne serai jamais heureux » ; « C'est possible pour les autres » ; « Faut pas rêver, c'est trop beau pour durer ». Une autre option, c'est croire en un avenir meilleur, dans lequel vous serez heureux plus tard… mais certainement pas maintenant !

Comment se libérer de son ego ?

Pour réussir à vous libérer de votre ego, et être heureux et épanoui, vous devez cesser de vous sentir lié à cet ego. Laissez ce personnage et soyez dans l'être.

Pour cela trois grandes étapes :

1 – Vous comprendre vous-même, comprendre vos peurs, notamment.

2 – Accepter pleinement les choses telles qu'elles sont.

3 – Vivre dans le présent.

Ces trois points seront développés un peu plus tard.

Se libérer de son ego implique une remise en question, de travailler en profondeur sur ce que l'on aime, ce que l'on veut dans la vie et cela peut être assez déstabilisant. Votre ego va particulièrement détester cette idée ! Vous aurez désormais compris qu'il faut vous remettre en question pour être capable d'être mieux dans votre vie.

2 – Nos quatre plans de conscience

Nous ne sommes pas une unité. Il est important de distinguer en nous plusieurs éléments qui nous constituent comme un tout, qui « vibrent ensemble », mais que nous avons trop souvent tendance à oublier et à reléguer au second plan ou à identifier de manière indépendante alors qu'ils sont liés.

Le mental

Il s'agit de notre logique, notre intellect, qui veut tout comprendre et créer ses raisonnements pour expliquer le monde.

On a tendance à considérer ce plan comme le seul existant. Il est tellement prépondérant dans notre société (occidentale) qu'il est érigé en roi de la logique. J'ai d'ailleurs introduit ce livre en expliquant que j'étais soumis à la logique de ce plan, en étant simple, pragmatique et rationnel.

Le corps

Notre corps est le deuxième plan de conscience. Il nous permet d'expérimenter grâce à nos cinq sens. Il nous permet de nous déplacer.

On valorise tellement le mental, que beaucoup de gens délaissent le corps et ne s'en occupent pas assez. « Je n'ai pas le temps de faire du sport » ; « Je ne prends plus soin de moi » ; « J'ai des douleurs », sont autant de signes qui montrent qu'on délaisse trop son enveloppe.

Vivre dans le mental une partie du temps est important, mais vivre des expériences dans son corps, pour le remettre au centre, est tout aussi important.

La multiplication des salles de sport est un signe visible en ce sens. De même, entre 2009 et 2014, le nombre de Français qui font du sport augmente de 22 %, soit de 52 % à 74 %, mais pas toujours dans un cadre établi (marche, jardinage, trajets quotidiens à pied ou à vélo sont aussi considérés dans l'étude).[4] Globalement, ce chiffre prouve que de plus en plus de gens font attention à leur corps, en prennent soin et veulent se sentir mieux sur ce plan de conscience.

Il est enfin prouvé que pratiquer une activité régulière contribue à rendre heureux.[5] Cela permet aussi d'être mieux ancré et mieux dans ses bottes.

De nombreuses hormones sont liées à la pratique sportive :

1 – L'endorphine, dont la structure ressemble à la morphine. C'est un puissant antidouleur, source de plaisir, qui autorise la poursuite d'un effort intense ; elle fait aussi disparaître les coups de blues.

2 – La dopamine, l'hormone du plaisir et de la vigilance. Grâce à elle, on se sent moins fatigué et plus productif. Avec l'endorphine, la dopamine peut rendre accro au sport !

3 – L'adrénaline, l'hormone du stress qui permet de bondir et d'être vigilant, pour attaquer, fuir, courir, etc.

---

[4] France Stratégie, 31 mars 2014, *La pratique sportive régulière des Français en baisse : quelles pistes d'action publique ?* [En ligne] ehj.land/LSL-lien1 [Consulté le 21 février 2017].

[5] BORG, James ; PIGGINS, Bill. *Mind Power : Changez votre façon de penser, changez votre vie*, Paris, Eyrolles, 2012, 257 p.

4 – La noradrénaline, cousine de l'adrénaline. Elle intime à nos cellules grasses l'ordre de se déstocker.[6]

L'émotionnel

On oublie régulièrement le plan émotionnel, mais il fait partie intégrante de nous-mêmes. Il est partout dans nos choix, nos prises de décisions, nos interactions…

Les émotions délivrent des quantités d'informations sur nos interlocuteurs et sur le contexte. On dit que la communication verbale (les mots) ne compte que pour 7 % de la compréhension ; la voix et le ton pour 38 %, et l'impression visuelle compterait pour 55 %.[7]

Bien que communément admis, ces chiffres semblent faibles pour le verbal : cela signifierait que 93 % du message ne serait pas traité par notre mental, mais par notre compréhension du corps (l'impression visuelle 55 %) et les émotions (la voix et le ton 38 %).

*
* *

Au-delà de ces chiffres, l'émotion est aussi ce que l'on peut appeler « notre ressenti ».

Très souvent, on prend des décisions, car « on sent cette chose » ; ou on ne prend pas tel choix « car on ne le sent pas ». Cela s'applique souvent à des rencontres, pour savoir si vous pouvez ou non lui faire confiance : « je sens la personne ».

---

[6] MENTHEOUR, Erwann. *Quelles sont les hormones stimulées par le sport ?* [En ligne] ehj.land/LSL-lien2 [Consulté le 21 février 2017].

[7] MEHRABIAN, Albert ; FERRIS, Susan R. *Inference of Attitudes from Nonverbal Communication in Two Channels, Journal of Consulting Psychology*, vol. 31, N° 3, juin 1967.

Nous arrivons dans un plan déconnecté de la logique, mais lorsqu'on analyse avec du recul ces sensations, beaucoup de gens disent : « je m'écoute et cela m'aide à faire les bons choix ».

Le bonheur comme émotion peut être cultivé. Il est important de savoir reconnaître ses émotions afin de pouvoir développer celle du bonheur. En analysant chacune de vos réactions comme étant positive ou négative, alors vous serez capable de les installer et de les construire chaque jour pour être plus heureux. Ce travail permet de laisser place à la construction d'un bonheur profond dans sa vie.[8]

Le spirituel

La spiritualité d'après l'encyclopédie Larousse :

« Spirituel : Qui est de la nature de l'esprit, considéré comme une réalité distincte de la matière. La nature spirituelle de l'âme. Ce mot provient du latin "spiritualitas" qui signifie immatérialité. »

–> C'est assez juste, mais nous venons de voir qu'il y avait le corps (matière dans la définition), le mental (non traité), les émotions et le spirituel (esprit pour cette définition), donc creusons un cran plus loin.

Selon Claudette Foucault et Suzanne Mongeau, auteurs de *L'art de soigner en soin palliatif*, elle désigne également la quête de sens.

–> Je trouve cela plutôt juste, c'est la quête d'un chemin intérieur, qui nous libère de nos peurs et de nos blocages. Ainsi nous sommes, selon cette définition, au stade de l'initiation et du développement personnel. Les quelques

---

[8] ANDRE, Christophe, *Vivre heureux*, Paris, Odile Jacob, 2003, 355 p.

exercices indiqués pourront potentiellement entrer comme rituels dans votre vie, mais cela dépend du libre arbitre de chacun (les rituels ne sont pas forcément des cérémonies élaborées, comme vous pouvez le voir dans les films). C'est vous qui décidez de ce qu'est un rituel et de ce que vous en faites, de sa fréquence et de la manière de procéder.

La spiritualité peut être décrite comme le sens que l'on donne aux choses et à la vie. Elle peut représenter une occasion unique de mieux se connaître, de se libérer de ses peurs, de s'ouvrir aux autres et au monde, de ne plus vivre la couche superficielle de l'ego, mais d'aller en profondeur dans la vraie nature de son être.

Ce n'est pas un chemin facile, beaucoup de gens qui se sont ouverts à la spiritualité se sont remis fortement en cause dans leur vie, leur choix, leur métier, leur « bonheur » pour faire évoluer des choses par la suite. Beaucoup de personnes qui pratiquent leur spiritualité disent d'elles-mêmes qu'elles sont mieux dans leur vie qu'avant !

***

La spiritualité peut être de se construire un bonheur durable. De prendre conscience qu'il y a un sens plus profond à votre existence que celle de l'activité quotidienne. En travaillant sur vous, vous prendrez conscience qu'autre chose nous entoure et il vous faudra avoir l'ouverture d'esprit nécessaire pour accepter cela, sachant que le chemin de chacun est unique.

3 – Instinct et intuition

Reprenons notre chère encyclopédie Larousse pour quelques définitions :

Intuition : Connaissance directe, immédiate de la vérité, sans recours au raisonnement, à l'expérience. Il provient du latin « intuitio », soit le regard intérieur.

Instinct : Ensemble des comportements animaux ou humains, caractéristiques d'une espèce, transmis par voie génétique et qui s'exprime en l'absence d'apprentissage. Il provient du latin « instinctus », impulsion.

Si l'animal agit essentiellement par instinct, sans raisonner, nous humains, « animaux évolués », avons souvent « perdu » notre instinct. Simplement parce que nous ne l'écoutons pas.

Nous en sommes pourtant tout autant dotés que les animaux. Celui-ci a pour objectif la survie de l'espèce, comme la nutrition, la défécation, la miction (uriner), le toilettage. Nous avons néanmoins développé, par rapport aux animaux, de grandes capacités d'apprentissages : apprentissage d'une langue, d'une culture, de concepts, etc.

Le bébé sait manger, mais ne sait pas utiliser une fourchette. C'est-à-dire que l'Homme n'apprend pas seulement à uriner, manger ou se nettoyer, mais il apprend comment le faire selon les mœurs de sa société et de sa culture. Nous avons une mémoire inscrite au cœur même de nos cellules, de chacune de nos cellules.

La mémoire du développement de notre corps, de nos organes, est inscrite dans notre ADN.[9] Cette mémoire, c'est le fruit, la transmission de notre évolution.

Chez le bébé, notre mémoire ancestrale se traduit par quelques « réflexes archaïques » :

1 – Instinct de succion, implique la survie et l'autoconservation.

> –> Lui sert à se nourrir. Lorsqu'on lui présente le sein, un biberon ou même un doigt, il se met à téter immédiatement.

2 – Instinct d'agrippement, implique la survie et les relations.

> –> Si vous mettez votre doigt dans la main du bébé, il le serrera immédiatement de toutes ses forces. Vous pouvez même le soulever en position assise, si vous lui donnez deux doigts.

3 – Instinct de marche automatique, implique la survie et la rencontre du monde.

> –> Si on porte un bébé sous les aisselles en position verticale et que ses pieds touchent une surface plane, vous remarquerez qu'il a immédiatement le réflexe de mettre un pied devant l'autre.

Sans être exhaustif, il existe un certain nombre de réflexes archaïques du nourrisson qui lui permettent la survie et qui se perdent au fur et à mesure du développement du cortex, c'est-à-dire, lorsque le nourrisson va voir remplacer ses réflexes instinctifs au profit de l'éducation.

---

[9] Laboratoire Servier, 30 juin 2015, *De l'ADN aux gènes, mode d'emploi du corps humain* [En ligne] ehj.land/LSL-lien3 [Consulté le 22 février 2017].

Épigénétique

Il existe aussi une mémoire de la transmission transgénérationnelle. Comprendre : la mémoire de nos ancêtres est en nous de la même manière que la mémoire de nos expériences de vie s'inscrit dans notre ADN. C'est ce qu'on appelle l'épigénétique. C'est le fruit de notre expérience sensorielle additionnée à celles de nos ancêtres qui nous transmettent, par l'ADN, des avertissements et des sensibilités particulières.

Brian Dias, de l'Université d'Emory à Atlanta (États-Unis), a exposé des souris à de l'acétophénone, un produit chimique à l'odeur d'amande sucrée, et leur envoyait une décharge électrique en même temps que le produit. En trois jours, les souris sont devenues craintives en présence de ce produit, même en l'absence de décharge. Dix jours après, le professeur a permis aux souris de se reproduire avec des femelles non exposées. Une grande partie des souriceaux ont alors développé une sensitivité accrue à l'acétophénone. Les souriceaux de ces derniers étaient aussi effrayés par l'odeur. Les trois générations avaient une structure de fixation de ce produit chimique plus large que la normale.

L'épigénétique est le résultat de la transmission de l'environnement. Ceci correspond à des changements de génome qui affectent la manière dont est structuré l'ADN et exprimé sans en modifier son séquençage.[10]

Si des conditions de stress ont été étudiées comme transmises d'une génération à la suivante, cela vaudrait aussi

---

[10] Nature, HUGHES, Virginia, 05/03/2014, *Epigenetics: The sins of the father* [En ligne] ehj.land/LSL-lien4 [Consulté le 22 février 2017].

logiquement pour les traits favorables. Votre manière d'être se transmettrait, en partie, par l'ADN à vos enfants !

L'instinct prouvé

Michael Gershon, professeur au Département d'Anatomie et Biologie Cellulaire de l'Université de Colombia, aux États-Unis, nous dit que nous possédons un deuxième cerveau dans le ventre. Le réseau de neurones qui tapisse notre intestin comporte plus de cent millions de neurotransmetteurs qui font beaucoup plus que simplement nous aider à la digestion.[11]

Gershon a découvert que le système nerveux entérique se connecte directement au système nerveux central à la base du crâne. Il aide à conduire les informations à notre cerveau par l'hypothalamus ainsi que l'hypophyse et est connu sous le nom de « cerveau de l'intestin ». Cet échange d'informations permettrait de déterminer notre état mental et jouerait un rôle crucial en ce qui concerne la maladie dans l'organisme.

Bien que l'on n'ait pas prouvé que ce second cerveau formule sa propre pensée consciente, ni qu'il joue un rôle majeur dans notre processus de prise de décision, « Le système est beaucoup trop compliqué pour uniquement s'assurer que les choses s'évacuent de votre côlon », assure Emeran Mayer, professeur de physiologie, psychiatrie et sciences comportementales à la faculté de médecine David Geffen à l'Université de Californie, Los Angeles (UCLA).[12]

---

[11] GERSHON, Micheal, *The Second Brain*, New York, Harper Perennial, 1999, 336p.

[12] Scientific American, HADHAZY, Adam, 12 février 2010, *Think Twice: How the Gut's 'Second Brain' Influences Mood and Well-Being* [En ligne] ehj.land/LSL-lien5 [Consulté le 22 février2017].

Ce second cerveau jouerait donc un rôle important dans notre bien-être émotionnel et nos motivations instinctives. On a découvert qu'une grande partie de nos émotions sont probablement influencées par les nerfs dans notre intestin.

Il y a plus de neurones dans l'estomac que dans la moelle épinière ou le système nerveux périphérique (réseau de nerfs et de ganglions qui assurent la transmission de l'information entre les organes et le système nerveux central… c'est-à-dire le cerveau).

La microflore intestinale humaine contient en effet plus de 10^{14} bactéries, soit entre 400 et 600 espèces bactériennes différentes ; cela représente 100 fois plus de gènes que le génome humain.[13]

Une expérience sur des souris a montré que ces bactéries intestinales peuvent influencer le comportement des animaux. En l'absence de ces bactéries de la microflore intestinale, elles apparaissent désinhibées, avec des capacités d'apprentissage limitées.

De même, en transférant ces bactéries de souris agressives à des souris pacifiques, ces dernières deviennent agressives à leur tour !

Il semble que ces bactéries influencent le niveau de protéines cérébrales impliquées dans l'humeur et l'anxiété.[14]

---

[13] SEIRAFI, Mariam ; CUNNINGHAM, Sophie ; HADENGUE, Antoine, 2011, *Le microbiote dans les maladies du foie et du tube digestif : la révolution annoncée*, Revue médicale Suisse, Vol 307, 1696-1700.

[14] NICHOLSON, Jeremy K ; HOLMES, Elaine ; KINROSS, James ; BURCELIN, Remy ; GIBSON, Glenn ; JIA, Wei ; PETTERSSON, Sven, 2012, *Host-Gut Microbiota Metabolic Interactions*, Science, Vol. 336, Issue 6086, pp. 1262-1267.

*
* *

C'est pour l'instant démontré pour des souris, et restons prudents pour l'Homme, mais cette découverte tendrait à prouver que le bien-être émotionnel a un lien avec notre corps.

Lorsqu'on est stressé, anxieux ou nerveux, il y a échange d'informations avec notre intestin.

*
* *

Mark Lyte, de Texas Tech University Health Sciences, travaille sur le lien entre notre état mental et notre humeur.

Il a découvert que parmi les substances sécrétées par notre intestin, on retrouve les mêmes que celles qui régulent l'humeur : dopamine (plaisir), sérotonine (pensées positives et négatives selon le taux) et acide gamma-aminobutyrique (GABA) (lié à la dépression et aux troubles de l'humeur).[15]

L'intuition prouvée

La première impression est inconsciente, selon l'étude d'Alex Todorov, de l'Université de Princeton. Il ne faut que 0,1 seconde au cerveau pour évaluer ce qu'il pense d'un visage, la pensée analytique n'a donc pas le temps de l'influencer.

Le test a été fait en présentant 66 visages à des personnes, durant des flashs de 0,1 ; 0,5 et 1 seconde.

Ces personnes devaient ensuite évaluer leurs impressions concernant le niveau de fiabilité, d'amabilité et de compétence.

---

[15] LYTE, Mark, 2014, *Microbial endocrinology*, Taylor & Francis Online, Vol 5, pp. 381-389.

Ainsi, en 0,1 seconde, l'opinion était déjà faite.[16]

De nombreux grands hommes ont déclaré avoir eu des intuitions et les utiliser pour avancer :

« Le mental intuitif est un don sacré et le mental rationnel est un serviteur fidèle. Nous avons créé une société qui honore le serviteur et a oublié le don. » (A. Einstein)

Steve Jobs disait de l'intuition qu'elle est « plus puissante que l'intellect ».

*
* *

L'intuition pourrait être une des capacités de notre cerveau, qui est encore peu connue et peu exploitée.

Les chercheurs déclarent aujourd'hui qu'on n'utiliserait bien que 10 % des capacités du cerveau à la fois, alors qu'avant on croyait que ces 10 % étaient un total.[17]

« Si on utilise la taille relative du cerveau comme un instrument de mesure de l'intelligence, il faut conclure que les dauphins se classent juste après les Hommes modernes en termes d'intelligence », a expliqué Lori Marino, professeur en neurosciences et biologie comportementale à l'Université d'Emory, États-Unis.

Les dauphins utilisent l'écholocation (des ultrasons), unique dans leur style parmi les espèces marines, ce qui les conduit à avoir un cerveau aussi développé, qui utilise plus de

---

[16] WILLIS, Janine ; TODOROV, Alexander, 2006, *Making Up Your Mind After a 100-Ms Exposure to a Face*, Sage Journal, Vol 17, Issue 7, pp. 592-598.

[17] BARTCZAK, Sophie, 29/03/2013, *Le Point, Utilisons-nous seulement 10 % de notre cerveau ?* [En ligne] ehj.land/LSL-lien6 [Consulté le 22 février 2017].

capacités cérébrales simultanées que celui de l'Homme.[18] En comparaison, les chauves-souris, qui, elles aussi, utilisent les ultrasons, ont un cerveau de la taille d'une noisette.

Ainsi le traitement de cette information comme « sonar », dans un espace sous-marin, par les zones du prolongement des aires auditives, pourrait expliquer le développement de cette masse cérébrale.[19]

---

[18] MARINO, Lori, CONNOR, Richard C […], WHITEHEAD, Hal, 2007, *Cetaceans Have Complex Brains for Complex Cognition*, Plos Biology.

[19] MCGOWEN, Michael R ; GATESY, John ; WILDMAN, Derek E, 2014, *Molecular evolution tracks macroevolutionary transitions in Cetacea, Trends in Ecology & Evolution*, Vol 29, Issue 6, pp. 336-346.

4 – Être à l'écoute de son corps

Douleur du corps et mal-être mental

Être à l'écoute de notre corps signifie également observer et analyser ses douleurs. Le corps nous parle, nous transmet des informations, des signaux : s'il est tendu, relâché, fatigué, tonique, etc. Sentir ses muscles, c'est ressentir son tonus musculaire. Se sentir en forme, c'est ressentir son niveau d'énergie. Des blocages dans cette circulation peuvent être à l'origine de maux et douleurs.

Le tonus et le corps sont porteurs de l'expression émotionnelle. Trois parties du cerveau sont clefs dans la construction émotionnelle :[20]

1 – L'amygdale examine les signaux perçus de notre environnement (stimulus menaçant, émotion) pour déclencher une réaction en fonction de sa mémoire.

2 – L'hippocampe est lié à l'apprentissage et permet de donner du sens aux situations ; il est très corrélé au contrôle de l'humeur.

3 – Le cortex préfrontal permet la décision et l'initiative ; c'est le cerveau de l'intelligence, de l'esprit d'initiative, de la prise de décision et du sang-froid.

Lors d'épisodes dépressifs, on observe une diminution du volume hippocampique et de l'activité du cortex préfrontal.

---

[20] *Neuroplasticité, le stress* [En ligne] ehj.land/LSL-lien7 [Consulté le 22 février 2017].

Cela est dû à une modification cellulaire de ces structures.[21]

L'apaisement du passé émotionnel d'une personne et son ajustement avec le corps vont lui permettre d'être mieux dans son corps, dans sa tête et dans sa vie.[22] *« Les maux du corps sont les mots de l'âme, ainsi on ne doit pas chercher à guérir le corps sans chercher à guérir l'âme. »* (Platon)

Comment habiter sereinement un corps qui nous fait mal, est tendu, raidi par nos soucis et nos émotions douloureuses ? « Notre corps exprime son désarroi à travers un mal-être grandissant. », selon Michèle Freud, sophrologue et auteur de *Réconcilier l'âme et le corps*, « Pour réduire nos sources de stress, il importe de pouvoir se préserver un espace intérieur pour être en contact avec nos sensations, les accueillir favorablement et apprendre à nous sentir mieux avec elles. »

Le sport est un excellent instrument pour se libérer de son état dépressif et créer une base pour changer d'état mental et aller mieux. Le meilleur vecteur reste néanmoins un travail sur soi pour identifier profondément les causes, les affronter et les faire disparaître.

Émotions et ressenti physique

Roger Fiammetti, kinésithérapeute et ostéopathe belge, a analysé, durant près de vingt ans, les zones du corps et leurs correspondances émotionnelles. Il a établi une liste des douleurs physiques et ce à quoi elles peuvent correspondre :[23]

---

[21] SHELINE, Yvette I., et AL, 1996, *Hippocampal atrophy in recurrent major depression*, PNAS, vol. 93 n° 9.

[22] BOSCAINI, Franco ; SAINT-GAST, Alexandrine, 2010, *L'expérience émotionnelle dans la relation psychomotrice*, Enfances Psy, n° 49, 160 p.

[23] FIAMMETTI, Roger, *Les cartes du langage émotionnel du corps*, La Maisnie-Tredaniel, Paris, 2011, 306 p.

ORGANE	ÉMOTIONS
Poumon	Peur d'étouffer psychique et physique. Se crée des émotions inutiles et ne sait pas s'en sortir. Peur de la mort, tristesse.
Cœur	Déception, amertume, peur de la perte (du pouvoir). Conflit du territoire (emploi, maison) et contenu du territoire (meuble, animaux).
Estomac	Ras le bol en rapport avec tout ce qu'on ne sait plus digérer. Conflits familiaux. Conflits avec des gens que l'on ne peut éviter, donc plus fréquents dans des familles intactes.
Pancréas	Perte de joie, peur de s'exprimer, le son se coupe entre la pensée et son émission, s'enivrer de travail pour se sentir fort. Ignominie.
Vésicule biliaire	Haine, obsession face à l'échec, ne pas céder, résistance, rancœur.
Foie	Peur de manquer, de mourir de faim, ne pas pouvoir mettre 'le pain sur la table', colère, tristesse par rapport à des événements que l'on ne peut pas changer, révolte, querelles d'argent.
Vessie	Conflit de marquage de territoire.
Aisselle droite	Je suis une mauvaise ménagère, un mauvais employé.
Prostate	Beaucoup d'ennuis avec enfant, petits-enfants ou assimilés. Besoin d'une surexcitation pour avoir un rapport sexuel valable.
Os	Très profonde dévalorisation de soi dans les conflits mère-enfants.
Parotides	Peur viscérale de mourir de faim. Oreillons = maladie contagieuse qui se manifeste par une inflammation des glandes parotides.
Rate	Peur de ne pas terminer un dossier, succession qui ne se règle pas chez le notaire, indivision difficile (sang qui va couler...)
Œsophage	Peur de ne pas avoir assez, peur de ne pas pouvoir l'avaler.
Dents, émail, caries	Ne pas avoir le droit de mordre.
Muqueuse nasale et sinusale	Peur de ne pas sentir le danger.

ORGANE	ÉMOTIONS
Reins	Peur de la peur, phobies, sentiment de ne pas s'en sortir, peurs liées aux liquides. N'a pas le courage de répondre aux agressions.
Intestins	Sensation d'être sali, humilié.
Intestin grêle	Sentiments d'opposition.
Côlon, caecum	Conflits d'envie, ennuis de famille difficiles à digérer.
Appendice	Enfants se dévouant pour parents dévoués, mais « exécrables », conflit avec l'argent de poche.
Sigmoïde	Grosse contrariété en relation avec un « tour de cochon ». Impossible à « digérer ».
Ovaires	Perte d'enfants, d'êtres chers.
Testicules	Perte d'enfants, d'êtres chers.
Utérus	Conflit de peur, de frustration sexuelle, ne plus avoir quelqu'un pour diriger son territoire et frustration sexuelle.
Vagin	Conflit de perte.
Glande thyroïde	Choses à dire non exprimées.
Sein gauche chez femme droitière	Conflit mère-enfant, conflit du nid.
Sein droit chez femme droitière	Conflit humain général ou relation mère-enfant dévalorisante.
Sein gauche chez femme gauchère	Conflit humain général ou relation mère-enfant dévalorisante.
Sein droit chez femme gauchère	Conflit du nid, devoir quitter la maison, lors de divorce tragique, par exemple.
Aisselle gauche	Je suis une mauvaise mère, un mauvais père.

(Retrouvez toutes les illustrations de ce livre en plus grande taille et en couleur, en vous rendant à l'adresse ***ehj.land/SL-Illustrations****)*

OS CRÂNIENS	ÉMOTIONS
Frontal	Attitude suicidaire, agitation mentale.
Mandibule	Pleurs refoulés, colère réprimée.
Temporal	Sentiment de ne pas s'en sortir.
Pariental	Phobies et hostilité par rapport à l'injustice.
Vomer	Amertume, sensation d'avoir raté sa vie.
Occiput	Soucis constants, refus de se faire plaisir, n'ose pas dire non.
Sphenoïde	Résistance, besoin d'être une victime, repli sur soi-même. Désespoir.
Ethmoïde	Mauvaise image de soi-même. Se dévalorise.
Zygoma	Sensation de ne pas s'en sortir, blocage de l'action, beaucoup de volonté mais pas de force.
Palatin	Culpabilité.
Maxillaire	Perte de pouvoir, vieille colère.
Os du nez	Vivre dans le passé.

Prenez les décisions qui s'imposent en fonction de ce que vous dit votre corps, la liste permet d'avoir une compréhension facilitée des causes et des effets. C'est le travail sur vous, pour vous connaître, pour identifier d'où viennent les problèmes et les résoudre, qui permettra de débloquer ces éléments ; non pas une liste de problèmes et de solutions ! Encore une fois, vous êtes libre de choisir ce qui vous convient le mieux : la liste ou le chemin intérieur, ou un mélange des deux.

« Un corps libre de tensions et de fatigue permet d'affronter toutes les complexités de la vie. » (Joseph Pilates)

*
* *

Un exercice très intéressant pour commencer à bien écouter votre corps est d'arrêter de mettre un réveil.

« Oh mon Dieu, je ne vais jamais me lever », allez-vous me dire ! Non, au contraire, c'est un test pour vous connaître, savoir de combien de sommeil vous avez besoin. Vous vous couchez au bon moment en fonction de vos contraintes de vie, pour vous réveiller au moment opportun, le lendemain.

N'avez-vous jamais été éveillé avant votre réveil ? Lors d'événements importants, votre cerveau vous réveille au bon moment, car vous savez que vous devez être à 100 % ? Votre corps est en phase avec votre mental pour vous donner toutes les chances de succès !

Pour réduire le risque, vous pouvez vous coucher dix minutes plus tôt que d'habitude et mettre un réveil, mais 10-20 minutes plus tard. Essayez, c'est assez formidable de se dire que l'on n'a plus besoin de réveil !

Les émotions sont directement ressenties dans le corps, comme quand nos muscles se contractent lorsque nous sommes anxieux ou que nos mains tremblent avant de parler en public. Partant de ce constat, des chercheurs finlandais de l'Université d'Aalto ont recensé les réactions en fonction de différentes émotions. Ils ont cartographié les zones de notre corps qui sont le siège d'une augmentation ou diminution de l'activité sensorielle éprouvée à la suite de telle ou telle émotion.[24]

*
* *

Il est très intéressant de constater les différences entre émotions positives et négatives dans les ressentis de l'activité

---

[24] NUMMENMAA, Lauri ; GLEREAN, Enrico ; HARI, Ritta ; HIETANEN, Jari K, 2013, *Bodily maps of emotions*, PNAS, vol. 111 n° 2.

sensorielle et dans son intensité. Essayez de vous rappeler un exemple de chacune de ces émotions et si vous avez vécu une sensation similaire.

Exemples :

1 – Peur, vous avez le cœur qui bat fort.

2 – Colère, vous bouillonnez au niveau de la tête et du cœur tout en serrant les poings.

3 – Joie, vous avez le cœur empli de joie.

4 – Honte, vous baissez la tête.

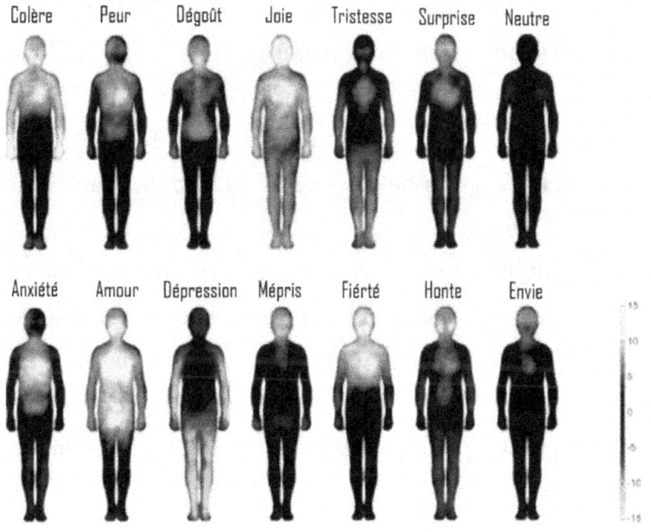

Les rythmes de son corps

Le corps a son propre rythme, au-delà de celui que vous allez chercher à lui imposer par votre travail et par votre vie quotidienne.[25] Voici une explication du rythme quotidien du corps :

---

[25] GEDDES, Linda, *Circadian rhythms boost cancer therapies*, Newscientist, 2008, Issue n° 2671.

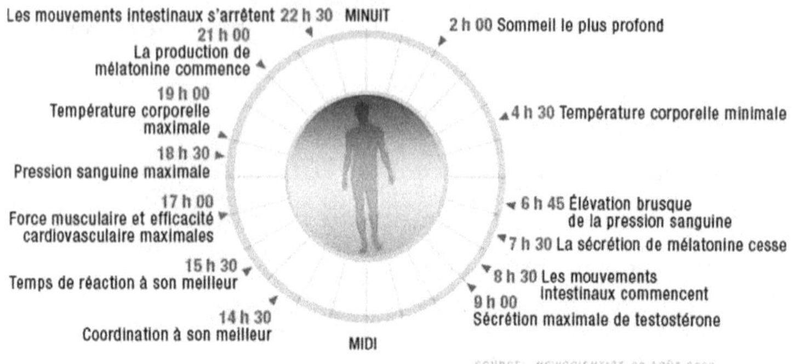

Il existe, dans une même journée, deux plages horaires où notre efficacité se trouve au maximum. Le milieu de matinée et le milieu d'après-midi (10 heures-11 heures et 15 heures-16 h 30) sont les moments où le taux de sucre dans le sang et la température centrale du corps sont optimaux pour les cellules cérébrales.

On appelle « rythmes circadiens » les rythmes qui gouvernent notre journée. Ils peuvent différer d'une personne à une autre d'une ou deux heures, mais sont relativement stables. Ils sont essentiellement corrélés à l'alternance jour/nuit et aux mouvements de la Terre, mais aussi des mécanismes cérébraux.[26]

Toute chose a son rythme, que ce soit le corps, la matière qui se décompose ou la terre qui tourne. Il existe des cycles courts et des cycles longs. Un cycle court pour la planète va consister en une rotation sur elle-même, un cycle plus long sera une rotation autour du soleil ou encore une ère glaciaire alternée avec une ère chaude. Toute chose, toute personne connaît des cycles courts et des cycles longs.

---

[26] LAVIE, Peretz, 2001, *Sleep-wake as a biological rhythm*, NCBI.

5 – Le pouvoir d'une pensée

Nous avons fait des progrès considérables et remarquables dans la quasi-totalité des points d'organisation de notre société. Il est important de se rappeler que tout ce que nous avons aujourd'hui n'existait pas il y a peu. Nous avons été en mesure de créer ce qui nous manquait pour augmenter notre confort et nos conditions de vie.

Comparons la société d'aujourd'hui (en 2018) avec celle qui existait en 1500, en 1000, ou 0 apr. J.-C., et mesurons les progrès, inimaginables pour l'époque, que nous avons réalisés :

1 – Nous pouvons aujourd'hui presque tous manger à notre faim (en France, au moins).

2 – Nous pouvons nous déplacer à des vitesses jamais vues.

3 – Nous pouvons communiquer avec le monde entier d'un claquement de doigts.

4 – Nous ne connaissons plus la guerre (en occident).

Je sais que vous allez me dire que certains points ne sont pas totalement vrais, mais lorsque l'on compare avec les époques précédentes : les morts de faim en France ont diminué de 99,99 %, si on compare avec la grande famine de 1693 qui a entraîné 1,3 million de morts.[27]

---

[27] LARCHIVER, Marcel, *Les années de misère – la famine au temps du Grand Roi : 1680-1720*, Fayard, Paris, 1991, 573 p.

Il n'y a plus que quelques morts exceptionnelles dues à la faim aujourd'hui.[28]

En 1693, la France comptait 22,25 millions d'habitants et il y a eu 1,3 million de morts de faim cette année-là, soit 5,8 % de la population. Au Moyen Âge, il y avait très régulièrement des famines et l'essentiel de la population française se nourrissait mal.[29]

Dans le monde entier, la situation est encore très préoccupante, mais les données existantes indiquent une réduction de la population totale sous-alimentée, passant de 23,3 % en 1992 à 12,9 % en 2012. C'est-à-dire, passant de 1 436 millions à 795 millions de personnes en sous-nutrition…

1 – Les morts de guerre également, sont passés de 5 pour 100 000 habitants en 1550 à 0,25 pour 100 000 habitants en 2000.[30]

2 – Les temps de déplacement ont diminué de 96,9 % (cheval au galop 30 km/h[31] ; l'avion 0,80 mach soit 987 km/h[32]).

---

[28] LEFEBVRE, Robert, *Tourcoing : morte de faim, à 33 ans, après la levée de sa tutelle*, La Voix du Nord [En ligne] ehj.land/LSL-lien8 [Consulté le 4 juillet 2016].

[29] LE GOFF, Jacques, *La civilisation de l'Occident médiéval*, Poche, 2008, Paris, 366 p.

[30] BERTHANY, Lacina ; GLEDITSCH, Nils Petter, 2005, *Monitoring trends in global combat: A new dataset of battle deaths*, European Journal of Population, Vol 21, 2-3, pp. 145-166.

[31] *La vitesse d'un cheval au galop est de 20 à 30 km/h*, Libération, le 15 septembre 2006 [En ligne] ehj.land/LSL-lien9 [Consulté le 23 février 2017].

[32] PALMER, Brian, *Pourquoi les avions ne vont pas plus vite ?* Slate, 27 juin 2011 [En ligne] ehj.land/LSL-lien10 [Consulté le 25 février 2017].

3 – La communication est désormais instantanée avec Internet. Avant 1492, il était impossible de communiquer avec l'Amérique par exemple.

4 – L'insécurité était beaucoup plus forte au XIVe siècle, avec 100 homicides pour 100 000 habitants, contre 0,7 aujourd'hui.[33] [34]

5 – La durée de vie des Hommes est passée de 19 ans au XVe siècle, à, aujourd'hui, 85,6 ans pour les femmes et 80 ans pour les hommes, en moyenne[35], soit une progression de 350 % pour les femmes et 321 % pour les hommes.

6 – Le nombre de gens vivant sous le seuil d'extrême pauvreté est passé de 85 % en 1920 à 10 % aujourd'hui.[36]

7 – Des progrès considérables dans l'éducation ont été faits. En 1920, seulement 33 % de la population mondiale recevait une éducation de base ; aujourd'hui, 86 % est bien éduquée.[37]

Je vous invite ainsi à réfléchir au fait que « tout est né d'une pensée ». Un homme ou une femme, pas bien différent de vous ou moi, a, un jour, innové et voulu en faire profiter la société.

---

[33] KRALAND, Stanislas, 21 septembre 2013, *Plaidoyer pour l'altruisme : l'interview de Matthieu Ricard*, Le Huffington Post [En ligne] ehj.land/LSL-lien11 [Consulté le 25 février 2017].

[34] 22 décembre 2016, *Le paradoxe de la violence,* Merci Alfred [En ligne] ehj.land/LSL-lien12 [Consulté le 25 février 2017].

[35] INSEE, 1er mars 2016, *Espérance de vie-Mortalité* [En ligne] ehj.land/LSL-lien13 [Consulté le 25 février 2017].

[36] BOURGUIGNON, François ; MORRISSON, Christian, 2002, *Inequality among World Citizens: 1820-1992*, The American Economic Review, Vol. 92, N° 4, pp. 727-744.

[37] ROSER, Max ; ORTIZ-OSPINA, Esteban, 2016, *Global Rise of Education, Our World in Data* [En ligne] ehj.land/LSL-lien14 [Consulté le 25/02/2017].

C'est ainsi qu'est né un changement, à partir de sa simple idée.

La pensée a une portée formidable. Si vous êtes positif au quotidien, que vous voulez changer des choses, avec une grande volonté, vous allez générer du positif autour de vous. Si vous êtes négatif, vous générez le contraire. Pour être mieux au quotidien, essayez d'avoir le maximum de pensées positives, cela influencera votre vie et celle de votre entourage.

L'objectif de la spiritualité, s'il peut y en avoir un, est de vous permettre de vous sentir mieux dans votre peau, dans votre vie, d'avoir confiance en vous, de vivre sereinement et pleinement en profitant le plus possible des belles choses. Ceci vous permettra d'être heureux à tout moment et non pas de vous dire que vous le serez un jour lointain. C'est-à-dire, d'être finalement vous-même et que votre être mène le bal !

Vous avez, je pense, compris mon approche. Je ne veux pas enseigner, j'essaie simplement d'organiser une cohérence autour du sujet de la spiritualité, pour que vous puissiez y puiser les éléments que vous souhaitez et potentiellement les appliquer à votre situation.

II – Libérer son ego

1 – Comprendre ses peurs

La vigilance et le fait d'être sur ses gardes sont naturels et innés. Il y a cinq mille ans, il fallait être vigilant contre les prédateurs affamés qui pouvaient attaquer le groupe.

Avec les progrès de notre société, de la médecine et des conditions de vie, on vient de voir que l'on vit beaucoup plus longtemps qu'avant, avec une insécurité bien moins forte.

Alors, pourquoi continue-t-on à avoir autant peur ?

La peur est l'un des sentiments qui font le plus de dégâts au corps et à l'esprit. La peur les désoriente et leur fait perdre leurs moyens.

C'est une puissante entrave au bonheur !

Pourquoi a-t-on autant peur dans notre société ?

13 % des Français déclarent avoir peur de développer des maladies en l'absence de tout symptôme.

Ce chiffre est à corréler avec les 48 % qui ont peur d'être atteints d'une maladie lorsqu'ils en entendent parler dans les médias.[38]

Nous avons vu le lien entre émotion et ressenti. Ainsi, les personnes qui s'imaginent développer des maladies ont plus de chances de les développer que ceux qui s'estiment en parfaite santé.

---

[38] IFOP, *Les Français, l'information santé et la peur de la maladie* [En ligne] ehj.land/LSL-lien15 [Consulté le 15 janvier 2017].

L'effet placebo utilise la puissance du cerveau pour se guérir.

Le médecin dit qu'un médicament va guérir le patient, celui-ci s'attend alors à voir les effets se réaliser.

Cela est vrai pour 35,2 % des patients, et cela peut aller dans une fourchette comprise entre 4 et 86 % selon les cas.[39]

La pyramide de Maslow pourrait être une tentative d'explication de ce sentiment de peur qui règne généralement autour de nous.

Certaines études tendent à indiquer que la peur est utilisée comme outil de manipulation des peuples :

1 – En Australie, pour alimenter la peur des migrants, dans un pays créé par l'immigration[40].

2 – En Angleterre, concernant le terrorisme sous Tony Blair.[41]

3 – Aux États-Unis, qualifiant l'URSS « d'empire du mal », d'après Ronald Reagan, et, après le 11 septembre 2001, les pays soutenant Al-Qaïda « d'axe du mal ».[42]

Dans le but de soutenir leur politique, il s'avère que les politiciens ont, au moins dans ces cas étudiés, utilisé la peur comme moyen de manipulation.

Je vous laisse seul juge, si vous pensez à d'autres exemples.

---

[39] ROSSI, Ernest Lawrence, 1993, *The Psychobiology of Mind-Body Healing: New Concepts of Therapeutic Hypnosis*, W. Norton & Company, New York, 320 p.

[40] JAMROZIK, Adam, *Lucky Country to Penal Colony: How Politics of Fear Have Changed Australia*, TASA, 2002.

[41] *Le Mystère du placebo*, Patrick Lemoine.

[42] CURTIS, Adam, 2004, *The power of nightmare*, Film, 180 min.

La pyramide de Maslow :

Cette pyramide a été transmise dans tous les établissements d'enseignement supérieur et est très bien intégrée par l'ensemble des décideurs.

On passera sur le fait qu'objectivement la pyramide ne part pas obligatoirement du bas, mais que les besoins sont croisés et peuvent être tous présents à la fois, selon les individus.

Les médias utilisent également beaucoup le besoin de sécurité, probablement pas intentionnellement, car leur travail est de traiter l'actualité.

Néanmoins, je constate que, dans un JT, on a plus de mauvaises nouvelles que de bonnes, ce qui contribue à développer la peur et le besoin de sécurité. Que ce soit volontaire ou non, il se trouve que les médias n'aident pas à ce qu'on se sente bien, optimiste et heureux. Au-delà d'une heure par jour, la télévision rendrait malheureux, moins créatif, moins social, moins capable de faire confiance et moins satisfait de sa situation financière.[43]

*
* *

Se sentir en sécurité est avant tout une attitude mentale qu'il faut installer et soutenir.

Nous sommes très rarement confrontés à un danger réel et pourtant nous avons peur, sommes anxieux dans certains contextes et sommes stressés par nos craintes et appréhensions.

Nous imaginons et anticipons tellement le pire scénario, que nous créons, de ce fait, les conditions de sa réalisation. Imaginer le meilleur scénario serait beaucoup plus intéressant.

Will Schutz, docteur en psychologie et statisticien, a créé une approche des peurs fondamentales.[44]

Trois types de peurs archaïques s'expriment plus ou moins fortement, selon les individus :

1 – Peur d'être insignifiant.

2 – Peur d'être incompétent.

3 – Peur d'être antipathique.

« Si tu es déprimé, c'est que tu vis dans le passé,
Si tu es anxieux, c'est que tu vis dans le futur,
Si tu es en paix, c'est que tu vis dans le présent. »

(Lao Tseu, *Sagesse chinoise*)

---

[43] BENESCH Christine, FREY, Bruno, STUTZER Alois, 2007, *Does watching TV makes us happy?*, Journal of Economic Psychology, 28, 3, p. 283-313.

[44] SCHUTZ, Will, 1958, *FIRO: A Three-dimensional Theory of Interpersonal Behaviour*, Holt, Rinehart and Winston, Orlando, 267 p.

Se libérer de ses peurs

« La peur a frappé, l'amour répondit et il n'y avait personne. »

Je vais m'appuyer sur le Dalaï-Lama et sa sagesse pour cette partie : *« S'il y a de la peur, c'est qu'il n'y a pas d'amour. Quelque chose vous tracasse ? Cherchez la peur. Chaque fois qu'une émotion négative se présente à nous, elle se cache derrière une peur.*

En vérité, il n'y a que deux mots dans le langage de l'âme : la peur et l'amour. La peur est l'énergie qui contracte, referme, attire, court, cache, entasse et blesse. L'amour est l'énergie qui s'étend, s'ouvre, envoie, reste, révèle, partage et guérit.

La peur retient. L'amour chérit. La peur empoigne. L'amour lâche prise. La peur laisse de la rancœur. L'amour soulage. La peur attaque. L'amour répare.

Chaque pensée, parole ou action est fondée sur l'une ou l'autre émotion. Tu n'as aucun choix à cet égard, car il n'y a pas d'autre choix. Mais tu es libre de choisir entre les deux.

Ainsi, au moment où tu promets ton plus grand amour, tu accueilles ta plus grande peur, car, aussitôt après avoir dit « je t'aime », tu t'inquiètes de ce que cet amour te soit retourné et, s'il l'est, tu te mets aussitôt à t'inquiéter de perdre l'amour que tu viens de trouver.

Cependant, si tu sais qui tu es, tu n'auras jamais peur. Car, qui pourrait rejeter une telle magnificence ? Mais si tu ne sais pas qui tu es, alors tu te crois bien inférieur. »

*
* *

Pour résumer, le Dalaï-Lama nous apprend que pour rester dans un état d'amour vrai et pur, l'essence de l'existence et de la vie elle-même, on ne doit pas être dirigé par la peur.

En revanche, reconnaître que l'on a des peurs est le premier pas pour avancer. Si vous souhaitez vous libérer de vos peurs, c'est un chemin d'introspection que vous allez initier qui va vous mener vers plus de bonheur et de bien-être. Il vous fait tendre vers des sentiments plus positifs et ainsi remonter dans l'échelle des émotions.

Forme de la peur

Surmonter ses peurs signifie être capable de les comprendre pour pouvoir les dépasser. La peur est d'une infinité de natures, peur de :

– La mort,
– L'inconnu,
– La maladie,
– L'insécurité,
– L'autre,
– D'aimer,
– L'engagement (en amour),
– Du manque,
– Du changement,
– De l'échec (ou non-réussite).

Regardez la peur, pensez-y, identifiez-la, trouvez quelle forme elle a, quelle est sa couleur, évaluez son intensité. Essayez de jauger et de décrire autant que possible ce sentiment. Une fois ce travail fait une première fois, recommencez. Vous aurez constaté qu'il aura largement diminué en intensité. Recommencez jusqu'à ce qu'il disparaisse, c'est ce qu'on appelle l'investigation de ses émotions.[45]

---

[45] RICARD, Matthieu, 2004, *Plaidoyer pour le bonheur*, Pocket, Paris, 384 p.

Lorsque vous êtes en colère, il ne faut pas la faire disparaître dès qu'elle apparaît. Reconnaissez votre colère, réagissez de la manière dont vous avez besoin, en y apportant une réponse modérée. Et, lorsque le moment d'intensité est passé et que vous sentez le besoin de vous calmer, alors vous pouvez utiliser cette technique.

L'idéal est de se détacher de cette colère et de réduire son intensité, mais en aucun cas de faire comme si elle n'existe pas.

Cette technique est très utile pour des peurs fortes dans la vie, des blessures, une colère de longue date ; vous allez réussir à faire que ces émotions diminuent en intensité semaine après semaine, mois après mois, année après année. Selon l'endroit où vous vous situez sur la spirale émotionnelle, la peur peut être pour vous un moyen d'aller vers le bonheur.

2 – Affronter la peur

Plutôt que d'avoir peur et d'adopter une réaction négative face à elle, comme la fuite, le déni, essayez de reconnaître les signaux qui indiquent la peur : gorge serrée ; boule au ventre ; cœur qui bat rapidement ; mains moites ; maux de tête, etc.

Chacun a sa manière de réagir physiquement face à la peur.

Selon Jacques Salomé, psychologue, « derrière toute peur, il y a un désir et un besoin. Il est donc possible de reformuler une peur, en exprimant le désir ou le besoin qui en est à l'origine ». Pour avancer, il faut mettre des mots sur ses peurs et ainsi les comprendre.

Il faut appuyer là où ça fait mal pour se soulager. En revanche, passer à côté du problème ne fait que l'amplifier. Les émotions qui ne sont pas entendues crient plus fort, jusqu'à ce que vous décidiez de prendre le problème à bras-le-corps.

Plongez en vous pour affronter cette peur.

Un épouvantail, au milieu d'un champ, fait peur aux oiseaux. Lorsqu'ils s'en approchent, ils se rendent compte que ce n'est que de la paille et de vieux vêtements usés. Nos peurs fonctionnent de la même manière. En s'approchant, on se rend compte qu'elles sont inoffensives.

Il vous faut ressentir vos peurs, pleinement et sans retenue, pour les surmonter.

C'est à la fois simple, complexe et éprouvant.

Cela demande du courage d'emprunter ce chemin libérateur. Étant donné que nous ne le faisons que rarement, la peur demeure et augmente à cause de ces sentiments réprimés et refoulés.[46]

Exemple : si l'on se dit « J'ai peur d'échouer à un examen », il faut aller au-delà de la simple constatation « J'ai besoin de réussir cet examen », en identifiant ses besoins. Le désir est une volonté de réussite personnelle, on a affaire au besoin de reconnaissance et de confiance en soi. Ainsi, en sachant pourquoi on a peur, notre attitude va changer et l'on va se sentir plus serein.[47]

La respiration abdominale

Face à une peur que vous vivez en situation, vous pouvez utiliser la technique de Robert Piper pour la réduire.[48]

Pratiquez la respiration abdominale :

– Placez votre attention dans votre abdomen.

– Placez vos deux mains sur votre abdomen.

– À l'inspiration, laissez tout votre corps s'ouvrir.

– À l'expiration, refermez tout votre corps, laissez-le se replier sur lui-même.

– Respirez toujours par le nez.

---

[46] GREAU, Maxime, 2016, *Questions/Réponses : Comment régler efficacement ses problèmes de manque affectif*, Heureux dans sa vie [En ligne] ehj.land/LSL-lien16 [Consulté le 25 février 2017].

[47] BALLET DE COQUEREAUMONT, Emmanuel ; BALLET DE COQUEREAUMONT, Marie-France, 2014, *J'arrête d'avoir peur ! 21 jours pour changer*, Eyrolles, Paris, 214 p.

[48] PIPPER, Robert, 2014, *Meditation Muscle: America's New Workout for the Mind to Increase Happiness, Build Resiliency, and Excel Under Pressure*, Attollo Press, 140 p.

– Inspirez et expirez en essayant de ressentir le massage des organes internes que provoque cette technique respiratoire.

– Vous devez avoir l'impression que votre ventre se remplit d'eau.

Pour faire simple, votre objectif, avec la respiration abdominale, est d'obtenir le calme intérieur. Résultat, vous n'aurez plus mille pensées à la seconde. Vous vous débarrasserez de vos peurs et vous aurez le cerveau au calme. Tout ceci en canalisant vos flux de pensée d'une manière positive.

Personnellement, je trouve que c'est une sensation géniale de sentir son cerveau vierge de pensées, générées par la peur de s'ennuyer. Je vivais, avant, l'effet inverse. J'avais trop de pensées en continu, « mon singe de l'esprit » était trop bruyant et cela me fatiguait. Je ressens un bien-être beaucoup plus important depuis que je pratique ce type de respiration.

Une petite explication s'impose à propos du « singe de l'esprit ». C'est un terme d'origines indienne et chinoise, ces deux cultures emploient la même expression. Elle est synonyme d'instable, capricieux, agité, fantasque, inconstant, confus, indécis, incontrôlable. C'est la petite voix qui vous parle constamment et vous empêche d'être au calme dans votre esprit.[49]

Les petites victoires

Il existe également la technique des petites victoires pour affronter ses peurs.

---

[49] AUBRY, Karine, 2011, *Singe de l'esprit et concentration*, L'œil du Kolibri [En ligne] ehj.land/LSL-lien17 [Consulté le 25 février 2017].

Vous vous fixez un objectif et vous le décomposez en de nombreuses petites étapes pour vous libérer de celles-ci.

Par exemple, le petit Mateo, 5 ans, avait été traumatisé lorsqu'une voiture avec deux inconnus s'était arrêtée à côté de lui. Ils lui avaient demandé de monter avec eux. Il avait alors couru jusque dans la boutique de son père et avait ensuite peur de marcher seul pour aller à l'école.

Son père, commerçant, ne pouvait pas l'accompagner chaque jour à l'école. Alors, le premier jour, il l'avait accompagné jusqu'à dix mètres de l'école ; le second, cent mètres ; le suivant, un peu plus loin, et, dix jours après, le petit Mateo avait repris confiance en lui pour aller seul à l'école.

La confrontation avec ses peurs passe, une fois la construction (ou déconstruction) mentale faite, par l'expérience du corps. Surmonter ses peurs, c'est les affronter.

– Quelqu'un qui a le vertige, pour affronter ses peurs, devra, par exemple, sauter en parachute… en commençant à sauter d'un mur de cinquante centimètres.

– Quelqu'un qui est phobique des serpents devra en mettre un autour de son cou.

– Un agoraphobe ira se confronter à la foule.

Pour ne pas être traumatisé plus que vous ne l'êtes déjà, utilisez la technique de Mateo, par petits pas !

PS : Pour résoudre de grandes peurs, je recommande néanmoins d'aller voir un professionnel de la santé, tel qu'un psychologue ou un psychiatre.

3 – Lâcher prise et s'aimer soi-même

Il paraît important de faire la distinction entre l'estime de soi et la confiance en soi, de la même manière qu'il y a l'ego et l'être.

L'estime de soi est reliée à l'ego alors que la confiance en soi est reliée à l'être. Certaines personnes semblent avoir une forte estime d'elles-mêmes, mais sont, au fond, très égocentriques et ont une faible confiance en elles-mêmes. Elles mettent tout le temps en avant leurs réussites ; leurs échecs sont expliqués par des facteurs externes. Elles sont sûres d'elles-mêmes et se réfugient derrière cette estime pour cacher le manque d'assurance (de confiance en elles-mêmes) qu'elles ressentent.

La confiance en soi est liée à l'être et à son soi profond. La confiance en soi, c'est, avant tout, bien connaître ses peurs, tout en ayant confiance en ses ressources pour tenir ses peurs à distance afin qu'elles ne freinent pas notre progression !

***

Si vous cherchez constamment l'approbation et la validation, vous ne serez jamais heureux. Nous sommes tous différents et nous percevons tous les choses de différentes manières. C'est pourquoi sa réputation n'est pas quelque chose que l'on peut vraiment contrôler.

Elle n'est pas entre vos mains, alors arrêtez d'essayer de satisfaire tout le monde autour de vous et commencez par vous plaire à vous-même.

« Il n'est jamais permis de détériorer une âme humaine pour l'avantage des autres, ni de faire un scélérat pour le service des honnêtes gens. » (Jean-Jacques Rousseau)

Avoir confiance en soi nécessite de savoir qui l'on est. C'est ainsi qu'on se libère de nos a priori, de nos peurs et qu'on ose faire ce que l'on veut réellement.

Pour avoir confiance en soi, il est important de se libérer de ses peurs, c'est-à-dire les identifier et les abandonner. Une fois le blocage psychologique dépassé, vous pourrez construire votre confiance.

4 – La pleine acceptation

Pour supprimer vos peurs, il vous faut accepter. Accepter ce qui est bon, ce qui est mauvais et, plus globalement, accepter tout ce que vous vivez. Pour accepter, il faut être dans le présent, ne plus vivre en se projetant et en voulant tout contrôler.[50]

L'hyper-contrôle est l'opposé du lâcher-prise. Acceptez que vous ne contrôlez rien.

Essayez de poser un cadre autour de vos actions, mais acceptez l'imprévu, acceptez que les choses ne se passent pas comme vous le souhaitez, car, de toute façon, elles ne se passent jamais comme prévu !

L'acceptation est la base de la libération profonde des peurs et d'un changement d'état d'esprit. Vous acceptez tout ce qui vous arrive sans jugement. Faites le nécessaire pour vivre le mieux possible en fonction de qui vous êtes et de vos valeurs.

*
* *

Si vous vivez une expérience très grave, il est normal d'en être affecté, mais cela relève de votre choix de considérer :

1 – Que, en raison de cet événement, votre vie entière est

---

[50] Marie-France Ballet de Coquereaumont, Emmanuel Ballet de Coquereaumont, *J'arrête d'avoir peur ! 21 jours pour changer*, Eyrolles, Paris.

terminée et que plus rien de bon ne pourra vous arriver de votre vivant.

2 – Ou que vous acceptez la situation, puisque de toute façon elle est là, même si c'est dur. Vous vivez ceci comme une expérience. Et vous continuez à vivre votre vie, en y incluant cet événement, tout en continuant à rechercher le bien-être et le bonheur.

Cette seconde option n'est pas fuir ou nier ce que vous avez vécu. Vivez vos émotions pleinement. L'acceptation et la respiration n'ont pas pour objectif de faire disparaître la colère, la peine, mais de vous permettre de la canaliser. Ce chemin, selon les difficultés que chacun aura connues, peut prendre de nombreuses années et un accompagnement psychologique peut être nécessaire, mais la paix intérieure et l'acceptation qui en résulteront sont ce que tout le monde recherche.

N'essayez pas d'enfouir une émotion, c'est inutile. Il y a des choses dans la vie que l'on aimerait oublier et faire disparaître en n'en parlant à personne et en les enfouissant profondément. Le problème est que ce qu'on ne dit pas reste en nous, se fixe, se transforme en insomnie et en douleur ; se transforme en nostalgie, en perte de temps, en devoir et en dette.

Les mots que l'on ne dit pas se changent en frustration, en tristesse et en un manque de satisfaction. Ce que l'on ne dit pas ne meurt pas, mais nous tue et nous consume de l'intérieur… Acceptez ce que vous avez vécu ; c'est du passé et c'est immuable.

Placez-vous en position d'observateur et constatez les émotions et les ressentis que cela provoque en vous.

Vous pouvez faire une introspection en les analysant : vous constaterez que, quoi que vous fassiez, la vie continue. Alors, vous pouvez décider de mettre en place ce qui est bon pour vous.

L'inverse, de sur-positiver, n'est pas non plus la solution. Refuser une situation est aussi mauvais que d'être incapable de s'en relever.

Lorsque vous êtes dans le présent et que vous êtes vous-même, cela ne peut pas arriver.

En effet, lorsqu'une situation se produit, elle fait déjà partie du passé, car elle est passée (très belle lapalissade !). Elle n'est pas dans le présent, car elle s'est produite il y a quelques secondes, minutes, heures, semaines, mois, etc. (elle sera toujours dans le passé, quel que soit le référentiel de temps). Inutile de préciser qu'elle n'est pas dans le futur, si elle est déjà passée…

Comment accepter ?

Que cet événement soit très grave, douloureux ou gênant, on ressent toujours des émotions négatives ; dans ce cas, j'aime me remémorer cette phrase :

« Si le problème a une solution, il ne sert à rien de s'inquiéter. Mais s'il n'en a pas, alors s'inquiéter ne change rien. » (Bouddha)

L'acceptation passe par le quotidien. Si on peut agir sur une situation, faisons-le ; si on n'a aucun pouvoir sur une situation, ne faisons rien et attendons. Dans les deux cas, ça ne sert à rien de s'inquiéter.

S'il y a action à accomplir, nous ferons le nécessaire. Dans le cas contraire, si rien n'est faisable, alors rien ne sert de s'inquiéter.

En vous mettant dans un état d'acceptation, de l'acceptation de tout ce qui est bon et mauvais, vous vous libérerez de votre besoin de contrôle, de vos peurs et vous relâcherez vos attentes afin de pouvoir vivre dans le moment présent.

5 – Vivre dans le présent

Si tu es déprimé, c'est que tu vis dans le passé,
Si tu es anxieux, c'est que tu vis dans le futur,
Si tu es en paix, c'est que tu vis dans le présent.
(Lao Tseu, *Sagesse chinoise*)

Le passé :

Le passé est fini et ne sera plus jamais. Il peut nous faire souffrir, nous rappeler des souvenirs douloureux, nous empêcher d'être heureux. Notre ego l'assimile à notre identité, mais ce ne sont que des expériences qui se sont suivies les unes par rapport aux autres.

L'ego permet de justifier qui nous sommes devenus.

Lâcher prise sur le passé permet d'éviter que des émotions similaires se répètent. Certaines personnes acceptent de vivre dans le présent après avoir été sujettes à de grandes souffrances, car elles ont choisi d'être heureuses.

Le futur :

« Tout ce que je sais c'est que je ne sais rien. » (Socrate)

Cette phrase de Socrate s'applique bien au futur. On ne sait jamais de quoi le futur sera fait, même si on a tendance à se faire des projections du futur que l'on essaie d'anticiper. Le mental et l'ego n'aiment pas l'incertitude, mais le contrôle.

Pourtant, le bonheur ne se trouve pas dans le futur, mais dans le présent.

Le bonheur est la capacité à vivre et apprécier le moment présent. Si vous êtes dans le futur, le bonheur est inaccessible !

Projetez-vous, ayez des rêves, prévoyez et planifiez des choses, créez et entreprenez : sans but à atteindre, la vie n'a pas de sens. Vous construisez ces projets dans le présent, c'est le présent qui façonne le futur.

Le futur n'est ni enviable ni inquiétant, le futur se crée de jour en jour, de seconde en seconde, dès maintenant. Le présent c'est aussi lâcher prise par rapport à ce que l'on ne maîtrise pas.

Le présent

Selon Eckhart Tolle, qui a écrit *Le pouvoir du moment présent* :

« Les gens ne réalisent pas que le moment présent est tout ce qui existe : il n'y a pas de passé ou de futur, sauf en tant que souvenir ou anticipation, dans votre esprit. Le passé vous donne une identité et l'avenir, la promesse du salut, de l'accomplissement sous toutes ses formes. »

Deux espaces temporels qu'il considère comme des illusions.

« Plus vous êtes concentré sur le temps, passé et futur, plus vous manquez le moment présent, la chose la plus précieuse qui soit ».

Eckhart Tolle nous suggère ainsi d'honorer et de prendre conscience de chacun des instants que nous vivons.

« Si vous trouvez ici et maintenant intolérable et qu'il vous rend malheureux, trois possibilités s'offrent à vous :

– Vous vous retirez de la situation.

– Vous la changez.

– Vous l'acceptez totalement.

Si vous voulez assumer la responsabilité de votre vie, vous devez choisir l'une de ces trois options et tout de suite ! Puis, acceptez-en les conséquences, sans excuses, sans négativités. Gardez votre espace intérieur dégagé. »[51]

[51] TOLLE, Eckhart, 2000, *Le pouvoir du moment présent*, Ariane, Paris, 240 p.

III – Développer son mieux-être et tendre vers la sérénité

1 – Être en harmonie avec soi-même

Le pouvoir de relativiser

On ressent tous des souffrances et des peines quotidiennes. Il est important de les mettre en perspective face aux autres et au monde. Vous avez une chance incroyable. Celle d'être là où vous êtes en ce moment. Votre situation est extrêmement enviable. Relativisez l'ampleur de vos souffrances avant de vous plaindre, ce qui va vous permettre de mieux les accepter :

– Vous avez perdu vos clefs.

– Vous avez loupé votre train.

– Un collègue vous a énervé.

– Une voiture s'est garée entre deux places.

– L'écran de votre téléphone s'est cassé.

– Vous êtes bloqué dans un transport.

– On vous a volé un bien.

– Vous avez été agressé physiquement.

– Vous avez été violé.

– Vous avez été torturé.

– Vous êtes tétraplégique.

– Vous êtes dans une zone de guerre.

– Vous n'avez plus rien pour vous nourrir, vous et vos enfants.

– Vous n'avez plus de toit.

– Vous êtes mort.

(Il n'y a pas de hiérarchie, je suis bien incapable de juger des niveaux de souffrance individuelle.)

Il y a toujours des gens qui vivent des situations pires que la vôtre, mettez-vous à leur place, ressentez ce qu'ils peuvent vivre, cela vous permettra de relativiser.

Toutes les personnes qui ont vécu des traumatismes, aussi importants soient-ils, sont capables de rebondir, de se remettre à avancer, en affrontant leurs peurs et en voulant vivre. Si vous avez de plus petites peines, alors vous aussi êtes en mesure de les dépasser et de vivre dans le présent. Intégrez bien cette phrase :

« Si le problème a une solution, il ne sert à rien de s'inquiéter. Mais s'il n'en a pas, alors s'inquiéter ne change rien. » (Bouddha)

Vivez mieux pour retrouver une confiance profonde et durable afin d'être heureux. C'est la meilleure des réponses que vous puissiez apporter à votre souffrance.

Accepter d'être imparfait

Être parfait, ça veut dire quoi ? Être beau ? Jeune ? Riche ? Généreux ? Altruiste ? Ouvert ?

La perfection ne peut exister. De la même manière que l'imperfection n'est qu'une question de point de vue. Lorsque l'on vise la perfection, on place la barre très haut ce qui génère du stress et de la frustration.

Je ne dis pas qu'il faut devenir médiocre et être dans un état de satisfaction moyen. Lorsque vous faites des choses dans le présent, cherchez toujours à les faire le mieux possible et à apprendre de vos expériences : *« N'ayez pas peur de faire une erreur. Mais faites en sorte de ne pas faire la même erreur deux fois. »* (Akio Morita, cofondateur de Sony)

Nous avons tous nos qualités et nos défauts : *« Il vaut mieux fortifier ses points forts que combler ses points faibles. »* (Bernard Werber) Pour accepter d'être imparfait, il faut intégrer quelques éléments :

– Arrêter de se comparer.

– Accepter ses erreurs.

– S'arrêter et voir le chemin parcouru.

– S'auto-complimenter.

– Se récompenser.

– Accepter les compliments.

Il n'est pas possible de changer quelqu'un ni de faire qu'un tiers prenne confiance en lui. C'est un chemin individuel et personnel pour chacun.

« Commencez par changer en vous ce que vous voulez changer autour de vous. » (Gandhi)

Vous êtes unique et vous pouvez être la personne que vous voulez, il suffit de le vouloir, de croire en vous et d'accepter de vivre enfin comme vous rêvez de vivre. La volonté, c'est le début de l'action.

Admettez votre potentiel

Je souhaite que vous réussissiez à avoir confiance en vous et je pense que vous aussi, mais vous doutez de vous, de vos capacités, de votre potentiel.

Le doute, ce n'est rien d'autre que des constructions mentales qui ont été bâties sur des messages négatifs que l'on vous a envoyés et que vous prenez pour acquis.

Vous pensez ne pas être capable de dépasser la situation dans laquelle vous êtes mais, dans le même temps, vous n'avez jamais poussé vos limites personnelles et vous n'avez pas trop l'habitude de sortir de votre zone de confort.

Tous ceux qui ont réussi sont sortis de leur zone de confort et ont pris des « risques ». Bien souvent, ceux qui essaient prennent le minimum de risques et tentent d'être le plus prudents possible, car personne n'aime se sentir en danger.

Les entrepreneurs à succès prennent plein de petits risques qui ne leur coûtent pas et ils voient comment évoluent les choses, car le risque fait partie de la vie.[52] Je parle de succès professionnel par la création d'une entreprise, mais il peut aussi être dans la conduite de sa mission ; cela peut être personnel, ou de la forme que vous le souhaitez.

Si vous êtes agent de nettoyage, par exemple, vous pouvez très bien avoir une vie professionnelle pleine de réussite en rendant agréable les lieux de travail que vous nettoyez, ainsi qu'avoir en but personnel d'élever au mieux vos enfants. Ainsi, par ces objectifs, vous pouvez connaître une réussite professionnelle et personnelle tout à fait remarquable !

Si vous avez envie de faire des choses, prenez le temps de vivre et vivez vos rêves, la vie est très courte.

« Si vous ne risquez rien, vous risquez encore plus. » (Faouzi Skali)

⁂

Toutes les suppositions que vous vous êtes construites peuvent être fausses. Elles peuvent être vraies un jour et fausses le suivant. Ne prenez rien pour acquis. Tout peut changer du jour au lendemain, n'acceptez pas les dogmes ni les vérités absolues.

---

[52] LEPAGE, Jean, 2014, *L'accompagnement des Startups*, Édition Internationale, 178 p.

Faites un point sur vos talents, vos forces, votre savoir-faire et vos réussites passées, grandes ou petites. Soyez fier de vous, de ce que vous avez réussi, ne diminuez aucun de ces points et analysez-les sans les juger. Vous serez impressionnés par la taille de cette liste !

Puis faites le point, reconsidérez vos envies et vos objectifs dans la vie, ce que vous aimeriez faire, devenir, accomplir en corrélation avec cette liste.

Oui, vous avez accompli de belles choses. Oui, vous avez encore du potentiel et cela ne tient qu'à vous d'allonger le plus possible cette liste !

La vie est courte :

La vie est très courte, mais la vie est belle… quand on décide qu'elle l'est !

Pour mettre en perspective à quel point la vie est courte et qu'il faut agir rapidement, je vous donne quelques exemples. J'ai 30 ans et mon espérance de vie est d'environ 80 ans, parce que je suis un homme.[53] Il ne me reste que 50 ans à vivre.

Ça peut sembler long, mais regardons les choses différemment :

– Il me reste 50 hivers à vivre.

– Si je pars une fois par an à la mer, je ne verrai plus que 50 fois la mer.

– Je lis cinq livres par an, il ne me reste que 300 livres à lire dans ma vie, j'ai intérêt à bien les choisir.

– Je ne verrai que dix élections présidentielles.

– J'adore les lasagnes et les tiramisus et j'en mange deux

---

[53] INSEE, 2016, *Espérance de vie, taux de mortalité et taux de mortalité infantile dans le monde en moyenne 2015-2020* [En ligne] ehj.land/LSL-lien13 [Consulté le 27 février 2017].

fois par an, je ne vais plus en manger que 100 de chaque… quelle tristesse !

Je me suis mis à penser, en écrivant ceci, à des choses vraiment importantes, mes proches : ma famille et mes amis.

Jusqu'à mes 18 ans, j'ai passé l'essentiel de mon temps avec mes parents. Cela représentait au moins 90 % des jours que j'ai vécus.

Depuis que j'ai fait des études et que je vis à Paris, je les vois environ 10 jours par an soit 5 week-ends de 2 jours. Soit à peine 3 % du temps que je passais avec eux quand j'étais enfant.

Mes parents ont 62 et 69 ans, soyons super optimistes et présumons qu'ils vivent jusqu'à 90 ans (une moyenne régulièrement atteinte dans la famille, on est chanceux !). Cela veut dire qu'on a encore trente ans durant lesquels on peut passer du temps ensemble. Donc sur une base de dix jours par an, on se verra trois cents jours pour passer du temps ensemble, soit moins que chacune des années que j'ai vécues lorsque j'étais mineur…

En terminant mon lycée, j'ai donc épuisé 93 % du temps de ma vie avec mes parents et aujourd'hui il ne m'en reste plus que 5 % du temps de relation à passer avec eux…[54]

Je profite de ce livre pour dire à mes parents que je les aime ! (Chose que l'on dit trop peu souvent, par ailleurs !)

Profitez de la vie !

La journée type d'une personne salariée ressemble, en moyenne, selon les études statistiques, à ceci :

---

[54] URBAN, Tim, 2016, *These 12 graphics teach us the importance of prioritizing our friends and family*, Upworthy [En ligne] ehj.land/LSL-lien18 [Consulté le 27 février 2017].

– 8 heures de sommeil en moyenne, on a besoin de 7 à 9 heures de sommeil entre 26-64 ans.[55]

– 2 h 22, en moyenne, pour les choses indispensables de la vie (épicerie, ménage, aide aux devoirs, etc.) : soit 3 heures pour les femmes et 1 h 45 pour les hommes.[56]

– 1 h 37 de repas chaque jour.[57]

– 7 h 48 par jour de travail, soit 39 heures en moyenne pour les salariés temps plein.[58]

– 50 minutes de déplacement pour aller au travail, en moyenne.[59]

En additionnant le total, cela nous fait en moyenne 20 h 37, il reste 3 h 23 chaque jour où vous pouvez faire ce que vous aimez dans votre temps libre : passer du temps avec des amis, en appeler d'autres, rester au calme, avoir une activité sportive, culturelle, passer du temps familial, etc.

Vous pouvez décider de rester sur votre canapé devant la télé, vous avez travaillé dur et ce serait compréhensible, mais

---

[55] OHAYON, Maurice and AL., 2016, *National Sleep Foundation's sleep quality recommendations: first report*, Sleep Health Journal, Vol 3, Issue 1, pp. 6-19.

[56] CHAMPAGNE, Clara ; PAILHE, Ariane ; SOLAZ, Anne, 2015, Économie et Statistique n° 478-479-480 : *Le temps domestique et parental des hommes et des femmes : quels facteurs d'évolution en 25 ans ?*, INSEE [En ligne] ehj.land/LSL-lien19 [Consulté le 27 février 2017].

[57] ESCALON, Hélène ; BOSSARD, Claire ; BECK, François, 2008, *Baromètre santé nutrition 2009*, INPES, Édition Marie-Frédérique Cormand, Saint-Denis, 424 p.

58 INSEE, 2016, *Tableaux de l'Économie française INSEE Références – Édition 2016* [En ligne] ehj.land/LSL-lien20 [Consulté le 27 février 2017].

[59] DARES, 2015, *Les temps de déplacement entre domicile et travail* [En ligne] ehj.land/LSL-lien21 [Consulté le 27 février 2017].

est-ce que vous vous direz que la vie vaut le coup d'être vécue si, à la fin de votre journée, votre but est d'être affalé dans un canapé ?

Il faut trouver ce qui vous anime pour que ces 3 heures vaillent le coup d'être vécues, en trouvant le sens pour vous ! Ce changement ne peut pas venir de l'extérieur, mais que de l'intérieur.

Bien sûr, tous ces chiffres ne reflètent pas la réalité de chacun. C'est la difficulté des moyennes. Mais ils sont intéressants pour mettre en perspective l'importance de trouver ce qui nous anime pour avoir envie de faire des choses !

Arrêtez de vous saboter !

Lorsque l'on n'a pas confiance en soi, on a tendance à tout faire pour se prouver qu'on ne devrait pas avoir confiance en soi…

On retrouve cette tendance pour toutes les croyances que l'on peut avoir. Lorsque l'on a quelque chose en tête, il est dur de changer d'idée pour la simple et bonne raison qu'on cherche tous les faits, signes, expériences qui peuvent aller dans le sens de ce que l'on veut se faire croire.

Lorsque vous draguez quelqu'un(e), menez un projet, voulez convaincre, vous aurez tendance à analyser tous les faits et gestes dans le sens que vous souhaitez, il se peut que ce ne soit pas du tout le cas…

On entend et fait uniquement ce qui renforce ces croyances.

Cela comporte le risque de saboter les efforts que vous faites pour avoir confiance en vous. Vous vous serez prouvé que, finalement, vous aviez raison de ne pas avoir confiance en vous et qu'il vaut mieux arrêter le massacre dès maintenant et rester malheureux, car c'est plus simple…

Exemple : Vous vous croyez incapable de trouver un meilleur travail que celui que vous occupez. Pour vous « prouver » cette croyance, vous allez postuler à des postes qui ne correspondent pas à votre profil : différence de compétences, d'expérience, de diplôme, etc. Et vous n'avez pas de retour, alors vous en concluez que vous aviez raison d'entretenir ce manque de confiance (et encore dans cet exemple la personne est proactive…, et je n'ai pas parlé de la difficulté du contexte actuel). Vous avez une fausse raison de ne pas avoir confiance en vous.

Le mieux pour prendre confiance est de sortir de sa zone de confort et de construire sa confiance par escalier avec des petites victoires à chaque pas.

Exemple : vous êtes timide et vous voulez ne plus l'être. Votre objectif peut être d'être capable de jouer une pièce de théâtre. Si vous commencez directement à vouloir faire une représentation, vous aurez trop peur et perdrez encore plus confiance en vous. Construisez plutôt étape par étape : obligez-vous à aller parler avec un inconnu chaque jour, pour lui demander l'heure, puis développer la discussion, demandez-lui comment ça va, puis d'où il vient, puis ce qu'il aime, etc. ; puis inscrivez-vous dans un cours de théâtre et réussissez votre objectif en faisant une représentation.

Cela peut mettre un, deux ou cinq ans pour devenir qui vous voulez, ce n'est pas facile, mais l'important c'est de continuer sur ce chemin.

Dès que vous atteignez un objectif, un escalier de plus, célébrez-le et félicitez-vous.

Vous avez réussi quelque chose de formidable pour vous-même. Vous pouvez être fier du chemin parcouru et vous agrandirez votre confiance en vous.[60]

Technique pour passer à l'action

Vous voulez changer, accomplir des choses, mais vous avez encore peur ? C'est relativement normal, la peur est toujours présente face à un défi.

Si vous voulez entreprendre, mais avez peur du risque, prenez un mi-temps et allez-y par petits pas et petites victoires pour vous encourager.

Si vous voulez prendre confiance en vous, allez-y par petites étapes.

Quel que soit votre objectif, plus vous êtes organisé et clair vis-à-vis de vous-même, plus vous avez de chances de savoir où vous voulez aller. Prenez un papier et un stylo et notez votre situation par rapport aux différents éléments :

– Cherchez le moyen de réduire le risque financier et personnel que vous pourrez prendre, cela vous rassurera.

–> Écrivez vos ressources et vos dépenses et ce qu'il est indispensable que vous gardiez pour faire ce que vous souhaitez faire.

–> Écrivez et notez les risques que vous identifiez, puis déconstruisez-les un par un en les notant et en jugeant s'ils sont pertinents ou non.

– Construisez un plan d'action.

–> Écrivez d'où vous partez, où vous souhaitez arriver, puis créez votre escalier pour faire des petits pas.

---

[60] Gregory Pujol, *Les 3 étapes clefs pour enfin avoir confiance en soi*, Prendre Confiance, Blog [En ligne] ehj.land/LSL-lien22 [Consulté le 27 février 2017].

– Listez vos talents.

–> Faites une liste de vos forces et des traits de personnalité que vous aimez en vous et qui plaisent, puis travailler à améliorer ces points forts, plutôt que de vouloir améliorer vos points faibles (c'est beaucoup plus long d'éradiquer ses points faibles que de renforcer ses points forts).

–> Ne niez pas vos points faibles et essayez globalement de monter en compétence.

– Écrivez vos succès.

–> Dressez une liste de ce que vous avez réussi dans votre vie.

–> Puis notez tous vos accomplissements, durant 1 semaine, 1 mois, chaque jour du plus petit au plus grand, ainsi que les talents qui ont été nécessaires pour l'obtention de ces succès.

– Maîtrisez vos émotions.

–> Plus vous gérez vos émotions, plus vous pourrez être objectif dans l'analyse de votre situation et capable d'avoir du recul pour mieux réussir, ou au moins pour aller mieux !

Une fois votre feuille bien remplie, faites-vous une promesse : celle d'essayer de réaliser vos buts et objectifs, même en ne progressant que par petites touches ; de faire de votre mieux pour toutes les actions que vous entreprendrez.

Ne pensez plus au passé ni à vos non-réussites passées et ne vous inquiétez pas de réussir ou de ne pas réussir. Chaque tentative est source de confiance en soi, chaque tentative est une expérience, chaque tentative est source de plein de vie et d'enrichissement !

L'échec n'existe pas, il n'y a que la réussite et la non-réussite. En ne réussissant pas, vous aurez appris, fait, essayé et quand bien même vous ne réussissez pas demain, vous réussirez après-demain !

Un témoignage pour vous inspirer :

« J'ai échoué trois fois à l'université. J'ai postulé 30 fois pour avoir un boulot, mais j'ai toujours été rejeté. Quand KFC est venu en Chine pour la première fois, nous étions 24 à postuler et j'étais le seul à être rejeté. Je voulais rentrer dans la police et sur 5 postulants, j'étais le seul à ne pas être accepté. J'ai postulé 10 fois pour rentrer à l'université d'Harvard aux USA et j'ai été rejeté. » (Jack Ma, Créateur d'Alibaba en Chine et 22e fortune mondiale, selon le Magazine Forbes en 2015, avec 28,7 milliards de dollars.)[61]

Technique pour améliorer sa confiance en soi :

Selon le psychologue Nathaniel Branden, l'estime de soi augmente avec la conscience de soi. Il donne des exercices pour que des parts inconscientes de soi-même deviennent conscientes.

Exemple avec la technique de la phrase à compléter à l'écrit ou à l'oral :

Être responsable de soi signifie…

Si je voulais être plus heureux qu'aujourd'hui, je pourrais…

Si j'acceptais mes peurs, je serais…

Si j'acceptais mon enthousiasme, je…

Il faut répondre spontanément et utiliser les mêmes phrases durant une semaine. La répétition permet de forcer l'inconscient à aller vers ce qui lui est inconfortable.

---

[61] Forbes, 2017, *Jack Ma* [En ligne] ehj.land/LSL-lien23 [Consulté le 27 février 2017].

Un de ses patients lui a déclaré :

« Mes schémas de fonctionnement sont devenus si clairs, leur inutilité et leur pouvoir destructif dans ma vie, si évidents, que j'ai arrêté de les reproduire. J'ai appris des façons de fonctionner qui me rendent plus heureux. »[62]

[62] COOPERSMITH, Stanley, 1959, *A method for determining types of self-esteem*, The Journal of Abnormal and Social Psychology, Vol 59, pp. 87-94.

2 – Guide de la gratitude

La gratitude, c'est simplement vivre exactement la même vie, mais en mieux. Rien que ça, c'est beaucoup. Et en fait, cela va même plus loin que ça.

(Florence Servan-Schreiber)

Qu'est-ce que la gratitude ?

C'est une émotion, une vertu, un sentiment moral, une qualité, une attitude. C'est à la fois aussi simple et beaucoup plus. C'est le sentiment ressenti après l'action altruiste de quelqu'un. C'est être reconnaissant de ce que nous possédons, faisons et des événements qui nous arrivent.

Généralement, les choses négatives sont plus retenues que le positif. Pour peu que nous soyons pessimistes, cela entraîne un cercle vicieux.

La gratitude permet de développer une culture positive. Elle fait le lien entre les événements que l'on vit et ce que l'on ressent en nous. Elle nous fait interpréter différemment les circonstances extérieures plutôt que de se faire influencer par elles.

Bénéfices de la gratitude :

On est reliés les uns aux autres, plus alertes, plus vivants, quand nous savons nous émerveiller. On se sent moins seul, car la gratitude provient toujours de quelque chose ou de quelqu'un qui est extérieur à nous.

On vit plus longtemps et en meilleure santé, lorsque l'on vit dans l'émerveillement et la gratitude.[63]

Un bonheur durable : la pratique active de la gratitude pendant 3 semaines a des effets notables pendant quelques mois (jusqu'à 6 mois).[64]

On vit plus longtemps

Et puis, il y a aussi des conséquences positives sur le plan physiologique. Florence Servan-Schreiber évoque une recherche menée depuis 1986 dans un centre universitaire au Minnesota (USA). Un chercheur a émis l'hypothèse d'un lien entre le fait d'éprouver de la gratitude, de savoir s'émerveiller et la longévité.

Cela nécessite deux populations distinctes pour une étude, où seule l'attitude entre les groupes serait différente… « Ils ont trouvé un couvent où on conserve 150 ans d'archives. La première chose qu'on demande aux jeunes femmes entrant au couvent à l'âge de 20 ans, c'est d'écrire une lettre qui les présente, qui raconte leur vie. Elles refont la même chose à 40 ans et à 70 ans. Et parallèlement, les dossiers médicaux ont été archivés. On a remis ces lettres à des sémanticiens qui étudient la teneur du vocabulaire et on leur a demandé de quantifier la nature des mots qui expriment de l'émerveillement, de l'optimisme et de la gratitude. Et ensuite, on a corrélé la densité de gratification de ces femmes avec leur état de santé et la durée de leur vie. On s'est aperçu que plus il y avait, dans leurs écrits, de termes qui expriment de la

---

[63] EMMONS, Robert, 2008, *Merci !*, Belfont, Paris, 300 p.

[64] LYUBOMIRSKY, Sonja ; SHELDON, Kennon M. ; SCHKADE, David, 2005, *Pursuing Happiness: The Architecture of Sustainable Change*, Review of General Psychology, Vol 9, N° 2, pp. 111-131.

gratitude et de l'émerveillement, plus elles ont vécu longtemps. Et ainsi, on a trouvé un écart de sept ans entre les deux groupes contrastés. Dans des enquêtes menées dans d'autres milieux, on a obtenu les mêmes résultats ».

Être reconnaissant

Bien qu'il y ait une corrélation entre bien-être et reconnaissance, la liaison n'est pas aussi directe.[65] De même, il faut distinguer la réussite de ses objectifs professionnels de son bonheur. On peut ne pas réussir et être heureux, il n'y a pas de meilleur moment pour être bien et heureux que maintenant !

N'attendez pas dix ans d'être professionnellement où vous voulez être, pour accepter le lâcher-prise et vous accorder le droit d'être heureux ; vous avez plus de chance d'être malheureux toute votre vie que le contraire…

Vous pouvez utiliser des masques pour ne pas affronter la réalité en face, tels que l'alcool, la télévision, les réseaux sociaux, les drogues, etc., mais ils ne sont pas durablement efficaces pour construire le bonheur.

À conditions de vie égales, voire inférieures, certains sont malheureux et d'autre heureux.

Parenthèse niveau de bonheur entre les pays :

Une étude intéressante montre les différents niveaux de bonheur des enfants selon les pays :[66]

La France n'apparaît pas dans cette étude.

---

[65] SANSONE, Randy A ; SANSONE, Lori A, 2010, *Gratitude and Well-Being*, Psychatry (Edgmont), Publié en ligne, pp. 18-22.

[66] Jacobs Foundation, 2014, *Children's views on their lives and well-being in 15 countries: A report on the Children's Worlds survey* [En ligne] ehj.land/LSL-lien24 [Consulté le 27 février 2017].

	% avec bien-être faible (<5 sur 10)	% avec bien-être très élevé (10 sur 10)
Algérie	3.5%	67.9%
Colombie	1.8%	77.0%
Estonie	3.6%	58.9%
Ethiopie	4.5%	50.7%
Allemagne	4.1%	52.6%
Israël	3.5%	73.1%
Népal	6.0%	57.3%
Norvège	3.4%	60.3%
Pologne	4.8%	56.7%
Roumanie	1.5%	77.1%
Afrique du Sud	7.4%	62.8%
Corée du Sud	7.4%	39.5%
Espagne	2.8%	56.8%
Turquie	4.1%	78.0%
Royaume-Uni	5.5%	53.4%
Total	4.2%	61.5%

Enfants de 10 a 12 ans, Children World 2015

Synthèse de la satisfaction de la vie dans son ensemble, par pays

Les enfants de Turquie sont 78 % à avoir une note de bien-être de 10/10, suivent la Roumanie à 77,1 % et la Colombie à 77 %.

Ceux de Corée du Sud, Éthiopie et Allemagne, sont comparativement ceux qui ont le moins d'enfants heureux avec une note de 10/10, avec 39,5 %, 50,7 % et 52,6 %.

Enfin, les enfants avec le plus de notes inférieures à 5/10 sont ceux de Corée du Sud et d'Afrique du Sud avec 7,4 %, suivis par le Népal avec 6 %.

Une corrélation assez forte a été réalisée dans cette étude entre bonheur des enfants et :

– Degré de satisfaction de leur santé,
– Degré de satisfaction de leur corps,
– La perception d'eux-mêmes,
– La confiance en eux.

Une autre étude montre que le niveau de bien-être, dans un pays, croît en lien avec la hausse du PIB, mais aussi, en parallèle, le sentiment d'avoir une vie qui n'a pas de sens. Il n'a pas été démontré de lien direct entre revenus et niveau de bien-être.[67]

Le bonheur, selon le psychologue Roy Baumeister, est lié à la satisfaction des besoins : santé, sensation de bien-être, capacité d'acheter ce que l'on souhaite ; le sens, en revanche, est lié aux relations sociales, au fait de s'occuper des autres, d'avoir des défis et de prier (étude menée aussi dans des pays pauvres encore très religieux).[68]

Voici une étude de Gallup, car je sens que vous voulez les mêmes données pour les adultes que pour les enfants :[69]

---

[67] OISHI, Shigehiro ; DIENER, Ed, 2013, *Residents of Poor Nations Have a Greater Sense of Meaning in Life Than Residents of Wealthy Nations*, Association for Psychological Science, Vol 25, pp. 425-430.

[68] BAUMEISTER, Roy F ; VOHS, Kathleen D ; AAKER, Jennnifer L ; GARBINSKY, Emily N, 2013, *Some key differences between a happy life and a meaningful life*, The Journal of Positive Psychology, Vol 8, Issue 6, pp. 505-516.

[69] Gallup, 2015, *Mood of the World Upbeat on International Happiness Day* [En ligne] ehj.land/LSL-lien25 [Consulté le 27 février 2017].

Score de l'indice d'expériences positives

Paraguay	89
Colombie	84
Equateur	84
Guatemala	84
Honduras	82
Panama	82
Venezuela	82
Costa Rica	81
Salvador	81
Nicaragua	81

Il est intéressant de constater que les 10 pays les plus heureux et les plus positifs sont tous issus d'Amérique du Sud.

La France, pour information, se trouve à la 37e place du classement avec 76 points.

La reconnaissance

Trêve de digression, revenons à nos moutons. Les gens heureux sont reconnaissants de leur vie, de ce qu'ils ont et savent apprécier leur existence comme elle est.

Ce n'est pas pour autant qu'ils n'aspirent pas à mieux et n'ont pas de projets. Ils sont reconnaissants et satisfaits de leur situation actuelle. Ils profitent du moment présent et de la vie, tout en cherchant à améliorer leur futur.[70]

Vous pouvez pratiquer la gratitude, ce qui vous permet de ressentir des émotions positives, d'être heureux et d'être optimiste. Il y a toujours de quoi se réjouir.

---

[70] Gregory Pujol, *Le petit guide essentiel de la gratitude*, Prendre Confiance, Blog [En ligne] ehj.land/LSL-lien26 [Consulté le 27 février 2017].

Voir les aspects positifs, c'est un état d'esprit à se créer, à développer et à intégrer.

Je vous incite à devenir un étudiant de la gratitude, pour devenir heureux !

Comment pratiquer la gratitude ?

Dans notre culture française, on tend à valoriser les comportements froids et négatifs, on a une culture de la critique. On ne parle pas de ce qui va bien, de ce qui nous émerveille.

Il suffit néanmoins, selon Martin Seligman, de l'Université de Pennsylvanie, de repérer trois moments dans la journée qui vous ont fait du bien et pour lesquels vous avez envie de dire « Merci ! ». Cela peut être une interaction, une complicité, un goût ou encore une sensation qui vous ont fait du bien.[71] Florence Servan-Schreiber parle des « 3 kifs par jour ».[72]

Voici quelques exemples : vous avez probablement un endroit agréable où vous vivez ; vous avez mangé un repas chaud ; avez de l'eau courante, de l'électricité ; avez pris un rayon de soleil, une bonne douche, bu un bon thé, lu un livre agréable…[73]

Fermez les yeux et rappelez-vous ces trois « kifs », même minimes, que vous avez vécus dans cette journée.

---

[71] SELIGMAN, Martin, 2004, *La psychologie positive*, TED, Vidéo [En ligne] ehj.land/LSL-lien27 [Consulté le 27 février 2017].

[72] SERVAN-SCHREIBER, Florence, *L'hyper pouvoir de l'amour*, TEDxLille, Vidéo [En ligne] ehj.land/LSL-lien28 [Consulté le 27 février 2017].

[73] WATKINS, Philip C, and AL., 2003, *Gratitude and happiness: Development of a measure of gratitude and relationships with subjective well-being*, Social Behavior and Personality, Vol 31, Issue 5, pp. 431-452.

Vous ressentirez un sentiment de gratitude qui va faire progresser votre niveau de bonheur de manière durable. En seulement 3 semaines !

3 kifs par jour pour plus de bonheur, c'est simple et accessible, alors allez-y, soyez heureux !

Comment s'y tenir au quotidien ?

Je conçois qu'il n'est pas facile de parler de ses kifs de la journée et qu'il peut être un peu gênant d'aller expliquer que vous avez kiffé rigoler avec votre collègue sur sa blague concernant l'imprimante, mais ce serait bien de le faire !

Le plus simple est d'avoir un carnet de kifs. Il s'agit d'un journal de gratitude, dans lequel vous notez vos trois kifs avant de vous coucher.

Vous pouvez remplir le carnet tous les jours, les premiers effets se font sentir à partir de quatre fois par semaine.

Vous devez néanmoins être assidu et le faire au moins durant trois semaines d'affilée. Puis, si vous prenez l'habitude, alors continuez, c'est bien pour vous !

Qu'est-ce que ça vous apporte ?

Que vous apporte la gratitude au quotidien ? Selon Robert Emmons, de l'Université de Californie[74], les bienfaits physiques sont :

1 – Des défenses immunitaires renforcées.

2 – Moins de maux et de douleurs.

3 – Une pression sanguine plus faible.

4 – Une meilleure prise en compte de sa santé.

5 – Plus d'exercice réalisé.

6 – Un sommeil plus long et plus réparateur.

---

[74] EMMONS, Robert, 2010, *Why gratitude is good*, Greater Good [En ligne] ehj.land/LSL-lien29 [Consulté le 27 février 2017].

Les bienfaits psychologiques sont :

1 – Plus haut niveau d'émotions positives.

2 – Plus alerte, vivant et éveillé.

3 – Plus de joie et de plaisir.

4 – Plus optimiste et heureux.

Les bienfaits sociaux sont :

1 – Plus utile, généreux et compatissant.

2 – Plus indulgent.

3 – Plus avenant.

4 – Se sentir moins seul et isolé.

Voici une expérience utilisée par Robert Emmons pour construire cette liste de bienfaits.

Trois groupes d'étudiants ont dû, durant 10 semaines, tenir un cahier hebdomadaire. Ils y reportaient, jour après jour, leurs émotions, leurs symptômes physiques et leur état de santé.

Ils jugeaient aussi leur vie dans son ensemble durant la semaine précédente, et leurs attentes pour la semaine suivante.

Chacun des groupes avait à noter une liste différente d'événements qu'ils avaient vécus la semaine précédente :

– 5 événements majeurs qui les ont touchés.

– 5 événements de stress mineur.

– 5 événements pour lesquels ils sont reconnaissants, dans lesquels ils sentent de la gratitude.

Ceux du groupe qui devait réfléchir à la gratitude en ont ressenti les effets positifs. Ils se sont révélés mieux dans leur vie, plus optimistes, ont moins senti de symptômes de douleur physique et faisaient plus d'exercice que les deux autres groupes.

Cette étude fait un lien entre gratitude et vitalité physique et va jusqu'à dire que la gratitude est une source de la force humaine.[75] Les haltérophiles ont-ils tous leur petit carnet ?

Comment bien pratiquer la gratitude ?

Privilégier la qualité à la quantité

Réfléchissez à deux ou trois moments où vous avez ressenti de la gratitude. Il est inutile d'en écrire dix, notez ceux qui sont les plus forts.

Cela vous permet aussi de mieux vous connaître et de mieux comprendre ce qui a de l'importance pour vous.

Privilégier les personnes

Pour faire le lien avec les avantages sociaux, il est souvent plus bénéfique de faire l'exercice en étant attentif aux personnes de votre entourage. De quelle manière vous les avez aidées, ou comment elles vous ont aidé.

Se rappeler les surprises

Les surprises et les événements inattendus sont importants. Ils le sont d'autant plus que l'événement est associé à une émotion positive et a donc un impact majeur sur votre bien-être. Se souvenir de ces surprises permet de prolonger leur effet.

Vous n'êtes pas en mesure de tout contrôler dans votre vie et forcément de nombreuses choses inattendues se présentent chaque jour.

Rester objectif

Ne cherchez pas pour autant le positif partout. Vous avez un accident de voiture bénin, ça aurait, bien sûr, pu être pire,

---

[75] EMMONS, Robert A ; CRUPTLER, Cheryl A, 2000, *Gratitude as a Human Strength: Appraising the Evidence*, Guilford Press, Vol 19, n° 1, pp. 56-59.

mais il n'y a pas de reconnaissance à en tirer, même si ce n'est que matériel.

« La gratitude, c'est simplement vivre exactement la même vie, mais en mieux. Rien que ça, c'est beaucoup. Et en fait, cela va même plus loin que ça. » (Florence Servan-Schreiber)

Je me répète, car je trouve cette phrase essentielle, rien ne sert de changer de décor, car les choses se passent en vous. C'est très utile de s'en souvenir, lorsqu'on ne va pas bien : en appliquant ce filtre, on prend conscience qu'on a quand même de la chance d'être là où on est !

3 – L'optimisme

Le lien entre peur, confiance et gratitude va faire que vous allez vouloir devenir quelqu'un d'optimiste pour intégrer ces différents traits de caractère, pour peu que vous soyez motivé à emprunter ce chemin. Devenir optimiste en commençant à voir le verre à moitié plein va vous permettre de lâcher prise et d'avoir une confiance profonde en vous. Ce n'est pas pour autant qu'il faut avoir une vision idyllique du monde en pensant que tout est toujours bien et parfait.

« Devenir optimiste consiste à entreprendre un voyage de nulle part à destination du bonheur. » (Auteur inconnu)

Être optimiste, c'est bon pour vous :

– Vous allez avoir plus de succès :[76]

–> Les entrepreneurs à succès sont tous des optimistes en puissance, ils ont un discours positif et une vision exaltante de l'avenir et transmettent leur passion à leurs collaborateurs.

– Une meilleure santé :

–> Une étude menée sur 99 étudiants de Harvard a démontré que ceux qui étaient optimistes à l'âge de 25 ans étaient en meilleure santé à 45 ans et à 60 ans que ceux qui étaient pessimistes. Le pessimisme a été

---

[76] ACHOR, Shawn, 2012, *Positive Intelligence*, Harvard Business Review [En ligne] ehj.land/LSL-lien30 [Consulté le 27 février 2017].

relié par certaines études à des risques de maladies infectieuses et une santé médiocre.[77]

–> La recherche médicale a démontré clairement qu'une attitude positive peut augmenter la capacité de notre corps à combattre la maladie. Selon une étude du *Health Behavior and Policy Review*, les personnes optimistes seraient moins susceptibles de souffrir de problèmes cardiovasculaires. Selon eux, les personnes qui voient la vie du bon côté auraient deux fois plus de chances d'avoir un cœur en bonne santé que celles qui sont souvent négatives.[78]

– Une plus grande longévité :

–> Selon une étude rétrospective qui a été effectuée sur 34 joueurs de baseball qui ont joué entre 1900 et 1950, les joueurs optimistes ont vécu bien plus longtemps que les autres.[79] J'ignore pourquoi cette étude a été faite spécifiquement sur des joueurs de baseball et leur profession n'a aucune influence dans l'étude…

Être optimiste, c'est bon pour vos proches, qui vont vous voir comme quelqu'un de positif et se tourneront plus facilement vers vous !

---

[77] PETERSON, Christopher ; SELIGMAN, Martin E ; VAILLANT, George E, 1988, *Pessimistic explanatory style is a risk factor for physical illness: A thirty-five-year longitudinal study*, Journal of Personality and Social Psychology, Vol 55, pp. 23-27.

[78] HERNANDEZ, Rosalba, and AL., 2015, *Optimism and Cardiovascular Health: Multi-Ethnic Study of Atherosclerosis (MESA)*, Health Behavior and Policy Review, Vol 2, N° 1, pp. 62-73.

[79] ABEL, Ernest L ; KRUGER, Michael L, 2010, *Smile Intensity in Photographs Predicts Longevity*, APS Psychological Science, Vol 21, Issue 4, pp. 542-544.

Comment le devenir ?

C'est très simple.

Il suffit de le décider et d'agir !

En une ligne, vous avez la méthode pour devenir optimiste, c'est quand même facile non ?

Plus sérieusement, c'est facile à dire sur le papier, mais dans la réalité pour devenir optimiste, c'est une autre paire de manches.

Le devenir demande un peu de travail :

– Parlez et réfléchissez de manière positive :

–> Le cerveau n'écoute pas les mots négatifs, si vous dites « Ne cours pas », le cerveau comprend « Cours ! »[80]

– Mettez-vous dans un état d'esprit de situations positives :

–> Lorsque vous vous rappelez ou que vous anticipez des moments positifs, votre corps les ressent comme si vous les viviez, idem pour les sentiments négatifs (c'est pourquoi les introspections peuvent être difficiles).

– On peut changer à tous les âges, qui que l'on soit :

–> La plasticité cérébrale permet à chacun, à n'importe quel stade de sa vie, d'évoluer : le cerveau n'est jamais « formé » et peut continuellement évoluer.[81]

– Ancrez cet état d'esprit dans le temps :

–> De la même manière que pour la gratitude, noter une pensée optimiste par jour vous permettra d'ancrer ce nouvel état d'esprit profondément en vous, afin que

---

[80] JOUVENT, Roland, 2013, *Le Cerveau magicien – De la réalité au plaisir psychique*, Odile Jacob, Paris, 252 p.

[81] LAMBERT, Philippe, 2006, *La plasticité cérébrale*, Sciences Humaines, n° 167, pp. 52-53.

l'optimisme ne soit pas une résolution de type « Nouvelle année », abandonnée après une semaine ![82]

L'optimiste, générateur de chance

La chance, ça se provoque ; une étude portée sur 400 « chanceux » montre quatre attitudes qu'ils ont développées :[83]

1 – Ils reconnaissent en permanence les occasions inattendues.

2 – Ils ont un sens de l'intuition très développé.

3 – Ils savent qu'ils vont rencontrer des occasions inattendues pour réaliser leurs objectifs.

4 – Ils ont une bonne capacité de rebond face aux épreuves.

Leur système réticulé activateur est efficace. C'est-à-dire qu'ils programment leur cerveau pour atteindre leur objectif et ainsi, ils sont plus disposés à trouver les situations qui y sont reliées et qui peuvent les aider.

Ils ont réussi à atteindre cet état grâce à cinq caractéristiques :

1 – Ils sont curieux et attentifs,

2 – Ils ont une vie sociale active,

3 – Ils ont une vision positive de l'échec,

4 – Ils acceptent l'aide,

5 – Ils croient en eux-mêmes.

Enfin, ils ont confiance en l'avenir, tout en le préparant bien dans le présent.

---

[82] POULAERT, Michel, 2014, *Réveillez l'Optimisme en Vous !*, Formation [En ligne] ehj.land/LSL-lien31 [Consulté le 27 février 2017].

[83] DRUSS, Richard G, 2003, *The Luck Factor*, The American Journal of Psychiatry, Vol 160, Issue 2, pp. 238-240.

Une bonne préparation permet de réduire le risque de non-réussite. Puis, si les choses ne tournent pas comme vous le souhaitez, il y a d'autres voies et vous aurez appris beaucoup sur vous-même !

« J'ai trouvé 9 999 moyens de ne pas inventer la lampe électrique. » (Thomas Edison)

L'histoire nous enseigne qu'il y est parvenu à la dernière tentative. Il en a conclu que : *« Beaucoup d'échecs dans la vie proviennent de gens qui n'ont pas réalisé à quel point ils étaient proches du succès lorsqu'ils ont abandonné. »*

Attention à ne pas devenir un bisounours !

Avoir confiance en soi et développer une manière positive de voir le monde ne signifie pas pour autant qu'il faut faire de la positive attitude généralisée… Comme le dit la formule, un verre à moitié plein ça va, trois, bonjour les dégâts.

Il ne faut pas refouler ses sentiments négatifs de colère, de tristesse, de haine, etc., mais, au contraire, travailler pour que l'intensité de ces sentiments soit moins forte lorsqu'ils vous touchent, pour que vous soyez plus rapidement à même de retrouver un état d'esprit positif.[84]

La culture de l'attitude positive à l'américaine, bien qu'ayant ses avantages, tend à cacher les problèmes et à ne pas s'intéresser au fond des choses, car on en vient à se dire que, de toute façon, ça va ![85]

Si vous refusez les sentiments négatifs, alors vous allez développer une certaine culpabilité.

---

[84] PASCUAL, Sylvaine, *Bien-être : imbuvable, le verre à moitié plein ?*, Ithaque Coaching, Blog [En ligne] ehj.land/LSL-lien32 [Consulté le 27 février 2017].

[85] LEAHY, Robert L. ; BECK, Aaron T., 1988, *Cognitive therapy of depression and mania*, pp. 517-537.

Celui qui refuse de voir les choses en face, les ressent à l'intérieur de lui-même et peut développer des maladies.[86]

La compassion

« L'amour altruiste et la compassion sont les fondements du bonheur authentique. » (Matthieu Ricard)

Compassion vient du latin *compassio*, c'est-à-dire « souffrance commune ». C'est une attitude (et non pas une émotion) qui pousse à être sensible à la souffrance de l'autre.

La compassion, c'est un état d'esprit qui est motivé par l'amour. C'est le fait d'aimer les autres êtres vivants, en souhaitant les délivrer de leur souffrance.

Face à la douleur de l'autre, on va ressentir des émotions (colère, tristesse, peine, etc.) ; la compassion représente une communion avec la personne qui se confie. On prend ainsi parti pour, on juge la situation et on partage le constat, en faisant preuve de sincérité et d'une volonté d'aider.[87]

C'est aussi aimer les autres et souhaiter qu'ils soient heureux en cherchant les causes véritables du bonheur.

Nous voulons tous le rétablissement d'un proche afin qu'il ne souffre plus, mais est-ce par égoïsme ? Est-ce que nous voulons qu'il aille mieux pour de nouveau partager du temps avec lui ? Ou est-ce une volonté qu'il aille mieux en tant que personne ?

Nous sommes capables dans notre logique de faire preuve de compassion par rapport à la souffrance de nos amis, notre famille, nos collègues.

---

[86] MARTEL, Jacques, 1996, *Le grand dictionnaire des malaises et maladies*, Quintessence, Paris, 350 p.

[87] THOUNY, Jean-Paul, *La compassion et la charte de la compassion*, Blog [En ligne] ehj.land/LSL-lien33 [Consulté le 28 février 2017].

C'est un degré de compassion très limité ; sommes-nous capables de faire preuve de compassion à l'égard d'inconnus ?

De plus, on ressent généralement de la compassion pour ceux qui ont une douleur visible. Moins pour ceux qui jouissent de bonnes conditions et qui souffrent intérieurement, et encore moins pour ceux qui ont commis des actes nuisibles. La compassion, pour se développer et grandir, passe nécessairement par le fait d'aimer et d'être sensible à la douleur et à la souffrance de tous.[88]

Ce sont les émotions vécues dans la compassion qui nous permettent de grandir. On peut imaginer :

– Face à un accidenté que j'assiste, je pourrais ressentir un désarroi devant la vulnérabilité des êtres vivants.

– Face à un père ayant son enfant mourant, je vivrais sans doute la révolte devant l'injustice de la vie.

La compassion est utile à court terme pour limiter le chagrin ou consoler un proche. En revanche, il faut garder du recul et une grande neutralité vis-à-vis de la situation, puis faire preuve d'empathie.

L'altruisme peut ensuite aider à aimer les autres et à aimer tous ceux qui souffrent, sans rien attendre en retour.

Voici, selon Karen Amstrong, écrivain et grande spécialiste des religions, les douze étapes de la compassion :[89]

– Phase de découverte :

–> Apprendre ce qu'est la compassion.

–> Observer notre propre monde.

---

[88] GYATSO, Kelsang, 2003, *Transformez votre vie : Un voyage plein de félicité*, Tharpa, Saint-Mars-d'Outillé, 468 p.
[89] AMSTRONG, Karen, 2009, *The Charter for Compassion*, Charter for compassion [En ligne] ehj.land/LSL-lien34 [Consulté le 28 février 2017].

– Phase de compassion :

–> Avoir de la compassion pour nous-mêmes.

–> Cultiver l'empathie.

–> Développer l'attention.

–> Agir.

–> Voir combien notre savoir est infime.

–> Veiller à notre façon de parler.

– Phase d'altruisme :

–> Avoir de la sollicitude à l'égard de tous.

–> Connaître…

–> Reconnaître…

–> Et aimer nos ennemis.

L'altruisme

L'altruisme, c'est être désintéressé et ne rien attendre en retour. Il faut néanmoins rester vigilant, car l'orgueil peut rapidement pointer son nez (pour information, il fait partie de l'ego).

L'attente de gratitude, suite à un geste altruiste, est un symbole de l'orgueil. Lorsqu'on laisse passer un piéton en voiture et que celui-ci ne nous remercie pas, c'est notre orgueil qui est irrité ; de la même manière que lorsqu'on laisse notre place assise dans un bus ou un métro ; pour être dans une démarche altruiste, il ne faut pas attendre quoi que ce soit en retour. Gérer son orgueil s'apprend dans les actes quotidiens pour s'ancrer dans le long terme.

« Le bonheur est né de l'altruisme et le malheur de l'égoïsme. » (Bouddha)

L'altruisme, c'est l'opposé de l'égoïsme. C'est un sentiment désintéressé d'amour des autres, qui vise le bien-être supérieur des autres avant le sien.

On est altruiste dès le berceau : lorsqu'un bébé entend pleurer un autre bébé, il se met également à pleurer pour aider le premier bébé à être entendu.[90]

L'empathie est donc présente chez les Hommes dès la naissance, mais peut aussi être encouragée et enseignée plus tard dans l'éducation, voire à l'âge adulte, vu que le cerveau peut évoluer à tout âge !

Les enfants aimables et attentifs aux autres à l'école sont plus appréciés que les autres et ont de meilleurs résultats à l'école. Les enfants qui en aident d'autres, moins bons, à faire leurs devoirs et à progresser, deviennent meilleurs que les autres élèves de niveau comparable.[91]

En résumé, aider les autres revient à s'aider soi-même !

*
* *

C'est intéressant de constater que nous ne sommes pas la seule espèce à être altruistes. Les animaux aussi le sont. Une femelle macaque prénommée Azalea, du Wisconsin, aux États-Unis, était trisomique. Elle ne pouvait pas vivre sa vie de singe correctement et se nourrir, courir, sauter, grimper…

C'est ainsi que les autres singes de son groupe l'ont toilettée deux fois plus que les autres et étaient plus bienveillants et attentifs à ses besoins, en tant qu'handicapée, qu'à ceux des autres du groupe.[92]

---

[90] HOFFMAN, Martin L., 2008, *Empathie et développement moral : Les émotions morales et la justice*, Presses Universitaires de Grenoble, Grenoble, 414 p.

[91] BIERHOFF, Hans Werner, *Prosocial behaviour*, Psychology Press, 2002.

[92] DE WAAL, Frans, 1997, *Le Bon Singe : Les bases naturelles de la morale*, Bayard Jeunesse, Paris, 357 p.

S'intéresser et aider les autres est toujours gagnant. Les personnes qui aident, dans une association, en tant que bénévoles, obtiennent des scores supérieurs à la moyenne en évaluation du sentiment de bonheur, de la qualité de vie et de l'estime de soi. Ces personnes sont également moins dépressives et moins susceptibles d'être touchées par Alzheimer. Elles sont en meilleure santé et ont une mortalité plus faible.[93]

Même si vous êtes convaincu du bien-fondé de l'altruisme, le mettre en œuvre au quotidien n'est pas toujours évident. Je ne vais pas vous inciter à écrire vos actions altruistes (bien que ce ne soit pas une trop mauvaise idée), mais vous avez déjà les pensées optimistes et les actes de gratitudes à noter, je ne voudrais pas que ça devienne une corvée ![94]

Je vous incite, pour mettre en œuvre l'altruisme, à passer à l'action. Voici un petit exercice simple qui vous permet de prendre pleinement conscience que vous êtes responsable de votre vie.

Entraînez-vous à dire et faire :

1 – « J'ai conscience de bouger ma jambe et j'en assume la responsabilité ».

2 – « J'ai conscience d'être qui je veux être et j'en assume la responsabilité ».

---

[93] FRIEDLAND, Robert P. ; FRITSCH, Thomas ; SMYTH, Kathleen A. ; et AL., *Patients with Alzheimer's disease have reduced activities in midlife compared with healthy control-group members*, Proceedings of the National Academy of Sciences, 2001, vol. 98, n° 6, pp. 3440-3445.

[94] « ClaudeBG », 2011, *L'altruisme, quelques sources de motivation*, E-Ostadelahi.fr, Blog [En ligne] ehj.land/LSL-lien35 [Consulté le 28 février 2017].

3 – « J'ai conscience d'avoir des gens qui comptent sur moi et j'en assume la responsabilité ».

4 – « J'ai conscience de ne pas savoir quoi vous dire, dans cet exercice, et j'en assume la responsabilité ».

Ces leviers vous permettront de reprendre à votre compte les actions que vous faites, d'être dans le présent et d'agir pour les modifier.

Construire son bonheur plutôt que de réduire son malheur !

Il est trop facile de construire son malheur, de s'enfermer dans des habitudes dans lesquelles on n'est pas satisfait, dans un boulot, dans une relation, dans des petites choses de la vie qui ne nous correspondent pas.

Les différents points évoqués vont vous permettre de développer une sorte d'ego positif, votre être. En ayant une identité qui essaie de se développer autour de ces axes, vous allez en tirer beaucoup de positif et vous sentir mieux dans votre vie.

S'aimer, lâcher prise, s'accepter, vivre dans le présent, être imparfait, pratiquer la gratitude, l'optimisme, l'altruisme, la compassion sont autant de sentiments qui peuvent vous aider à grandir dans la spirale émotionnelle.

L'ECHELLE EMOTIONNELLE

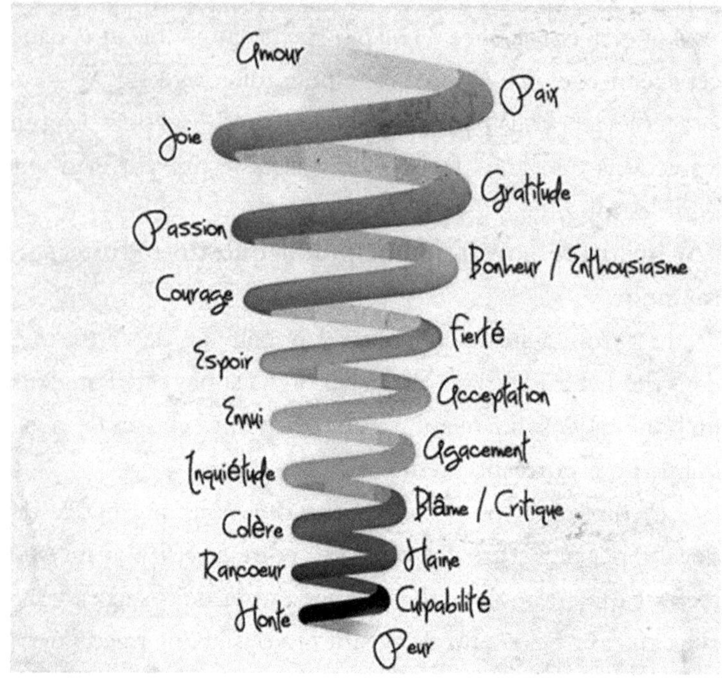

Grâce à cette spirale des émotions d'Abraham-Hicks, vous pouvez comprendre comment faire évoluer vos pensées vers le niveau supérieur. Lorsque vous aurez compris à quel niveau vous vous placez, essayez ensuite de faire tendre vos émotions vers le niveau supérieur, afin de réussir à tendre vers l'amour.[95]

Si vous vous situez à un niveau avec des émotions négatives, comme la rancœur, ne visez pas la haine, visez plutôt l'acceptation, une émotion positive qui semble atteignable.

---

[95] HICKS, Esther ; HICKS, Jerry, *Échelle des émotions d'Abraham-Hicks*, Ask and It is Given.

Vous progresserez au travers des différents niveaux entre les deux de manière plus rapide.

C'est à vous de décider d'être heureux. Vous avez toutes les cartes en mains ! Vous pouvez continuer de vous dire que vous serez un jour heureux, quand vous aurez atteint cette promotion ; quand vous aurez rencontré cette personne ; quand vous aurez cette voiture, objet, jardin, maison, etc. Vous devez comprendre que si vous ne décidez pas d'être heureux aujourd'hui et maintenant, alors, lorsque vous aurez ce que vous attendez, vous ne serez pas plus heureux, car vous en voudrez encore plus…

Vous n'avez pas besoin d'atteindre certains objectifs ni d'atteindre un certain mode de vie. Vous pouvez être heureux dès maintenant et dès cette belle journée. Même s'il pleut, c'est une belle journée pour les plantes !

Vous n'avez pas besoin de changer quoi que ce soit en vous pour être heureux. Vous êtes assez intelligent, tel que vous êtes, assez beau, assez fort, assez maigre, gros, etc. Ne laissez personne vous dire que vous devez changer, sinon fuyez cette personne !

Lâchez le contrôle sur vous, sur les autres, sur tout. N'essayez pas de tout commander, laissez faire la vie et vous verrez, tout ira tellement mieux et vous pourrez être heureux…

« N'attendez pas le moment parfait, prenez un moment et faites en sorte qu'il le soit. » (Zoey Sayward)

IV – L'approche spirituelle par la science

Après avoir abordé l'aspect développement personnel, j'ai envie d'avoir une approche scientifique autour de la physique et des croyances liées à la spiritualité. Les conclusions de cette argumentation restent personnelles, bien que les faits correspondent au développement de l'explication. Il y a beaucoup d'études en cours sur ce sujet afin d'aller un cran plus loin dans la compréhension de ces phénomènes.

Cette clef de lecture permet de voir les choses sous un autre angle. Nous allons être dans l'infiniment grand dans l'espace, de même que l'infiniment petit avec la physique quantique et la théorie des cordes.

1 – Les vibrations, avec la théorie des cordes

Tout dans la vie n'est qu'énergies et vibrations.
(Einstein)

La théorie des cordes essaie de faire le lien entre la matière à l'échelle macroscopique – une balle de golf, un continent ou l'univers (la théorie de la relativité générale) – et celle de l'infiniment petit au niveau des atomes (la mécanique quantique).

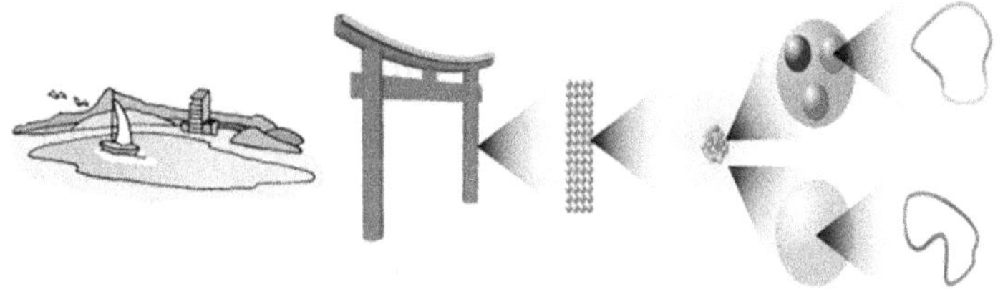

Cela donne ce schéma, lorsqu'on prend de la matière (comme un lac) et que l'on zoome dessus.

Il y a :

1 – Le monde macroscopique, le lac.

2 – Le monde moléculaire, la molécule d'eau.

3 – Le monde atomique, H2O : un atome d'oxygène et deux atomes d'hydrogène.

4 – Le monde subatomique, de l'hydrogène : un proton, un électron.

5 – Le monde des particules subatomiques, un proton : deux *quarks up* et un *quark down*.

La théorie des cordes suscite beaucoup d'espoir (mais n'a pas encore été prouvée scientifiquement) :

– Le monde des branes, objets étendus sur plusieurs dimensions, qui pourraient être liaison entre le monde des particules subatomiques et celui des cordes.

– Le monde des cordes, brique fondamentale de l'univers, formé de cordelettes vibrantes, à la manière d'un élastique.

Le monde de la théorie des cordes serait de l'ordre de 10^{-35} m[96] (longueur de Planck), sachant qu'en 2015 le microscope le plus puissant arrivait à mesurer 43 picomètres, soit 10^{-12} m.[97]

Selon la théorie des cordes, tout n'est que vibration. Lorsqu'on parle d'ondes, on pense aux fréquences et aux sons.

On a précédemment fait la liaison entre estomac, instinct et émotion au travers du réseau de neurones qui influence nos émotions.

On peut ainsi classer les émotions comme des vibrations, de la même manière que tout ce qui nous entoure.

Plus globalement, tout mouvement d'électron, d'atome, de molécule correspond à une propagation, en interaction avec la matière, d'une vibration donnée. Les deux seules différences entre les objets sont le nombre de cordes qu'ils ont et la façon

---

[96] THORNE, Kip S., MISNER, Charles W., WHEELER John Archibald, 1973, *Gravitation*, W.H.Freeman & Co Ltd, Gordonsville, 1279 p.

[97] Japan Quality Review, 2015, *Le microscope électronique le plus performant au monde au service du progrès technologique* [En ligne] ehj.land/LSL-lien36 [Consulté le 2 mars 2017].

dont vibrent les cordes, ce qui leur donne leurs masse, forme, poids, couleur, etc.[98]

Vu que tout est vibration, cela donne une perspective quant à la possibilité de mutation ; changer d'état est possible ! Pour changer, il suffit de changer de vibration et de passer à un autre type de vibration. C'est comme si vous changiez de station radio en quelque sorte.

Selon cette vision, il est possible de changer d'état émotionnel, en passant d'une vibration colère à une vibration courage, comme vu sur la spirale émotionnelle.

Il y a une autre perspective à prendre en compte, celle du corps. Les émotions transitent par les yeux, les oreilles, le toucher, le goût, etc. Ainsi, les vibrations ressenties sont transmises à nos organes qui les interprètent. Être à l'écoute de son corps est important pour comprendre sa vibration et vivre dans le présent.

---

[98] BECKER, Katrin ; BECKER, Melanie ; SCHWARZ, John H., 2006, *String theory and M-theory: A modern introduction*, Cambridge University Press, Cambridge, 756 p.

2 – Le Big Bang

Ralph Alpher, Robert Herman et Georges Gamow ont prouvé que l'Univers a plus de 13,7 milliards d'années, grâce au rayonnement du « fond diffus cosmologique ».[99][100] Ils ont observé que l'Univers se refroidit au fur et à mesure qu'il s'agrandit. Ce rayonnement provient de la forte densité antérieure de l'Univers.

Ce rayonnement représente 96 % de l'énergie électromagnétique (énergie sous forme de photon) de l'Univers et les 4 % restant proviennent du rayonnement des étoiles et des nébuleuses (objets célestes composés de gaz et de poussière interstellaire).[101]

Le Big Bang explique les quantités actuelles d'hydrogène et d'hélium. Elles ont été créées par des réactions nucléaires ayant eu lieu au moment du Big Bang.

Ce qu'on sait aujourd'hui, c'est qu'il n'y avait rien avant le Big Bang, et, d'un coup après, l'Univers, l'espace, la matière, etc. se sont développés.

---

[99] ALPHER, Ralph A. ; HERMAN, Robert., 1948, *Evolution of the Universe*, Nature, vol. 162, pp. 774-775.

[100] ALPHER, Ralph A. ; FOLLIN JR, James W. ; HERMAN, Robert C., 1953, *Physical conditions in the initial stages of the expanding universe*, Physical Review, vol. 92, n° 6, 1347 p.

[101] CLEGG, Brian, 2016, *3 minutes pour comprendre les 50 notions fondamentales de la physique*, 3 minutes pour comprendre, Paris, 160 p.

Techniquement, on ne peut parler d'avant Big Bang, car le temps n'existait pas avant. On ne sait pas comment c'est arrivé ni pourquoi. Ce n'était pas une explosion, mais une expansion. Nous avions un petit point d'une densité incroyable qui s'est étendu pour devenir ce qu'est l'Univers aujourd'hui.[102] L'énergie existait seule lors de la première phase d'expansion de l'Univers, puis la matière s'est ensuite créée.

Cela sous-entend que toute la matière est originaire du même endroit, que toutes les étoiles, galaxies, planètes, continents, voitures, Hommes et chats proviennent du même noyau et donc de la même matière originelle.

Permettez-moi d'aller un peu plus en détail dans la composition de l'Univers.

---

[102] NASA, 2015, *WMAP Frequently Asked Questions (FAQs)* [En ligne] ehj.land/LSL-lien37 [Consulté le 2 mars 2017].

3 – L'espace est composé de matière noire

On sait par la science que l'Univers est constitué à 4,8 % de matière (physique), 25,8 % de matière noire et 69,4 % d'énergie noire.[103]

L'énergie noire : énergie hypothétique emplissant uniformément tout l'Univers et dotée d'une pression négative, qui la fait se comporter comme une force gravitationnelle répulsive.[104]

La matière noire : matière hypothétique, invoquée pour rendre compte d'observations astrophysiques, notamment les estimations de masse des galaxies et des amas de galaxies, etc.[105]

Les galaxies ne s'éloignent pas du lieu du Big Bang (puisqu'il n'a, par définition, pas de lieu précis, mais il a eu lieu partout), mais s'éloignent les unes par rapport aux autres. Cette force aurait une pression négative, ce qui expliquerait pourquoi elle se comporte comme une force de gravitation répulsive.

---

[103] CNRS, 2013, *Planck dévoile une nouvelle image du Big Bang* [En ligne] ehj.land/LSL-lien38 [Consulté le 2 mars 2017].

[104] HUTERER, Dragan ; TURNER, Michael S., 1999, *Prospects for probing the dark energy via supernova distance measurements*, Physical Review D, vol. 60, n° 8, pp. 081301-1 à 081301-5.

[105] CNRS Le Journal, 2014, *La matière noire enfin détectée ?* [En ligne] ehj.land/LSL-lien39 [Consulté le 2 mars 2017].

Dans l'espace, il n'y a pas de vide, pas plus qu'il n'y en a sur terre. L'énergie présente dans l'espace peut servir à composer la matière. Comme Einstein l'a établi, la formule $E=mc^2$ démontre le lien entre l'énergie et la matière, établissant que l'énergie est égale à la masse multipliée par la vitesse de la lumière au carré.[106]

L'énergie noire serait donc responsable de l'accélération de l'expansion de l'univers de manière uniforme[107] et est responsable de notre espace-temps.[108] Voici une représentation de la NASA sur la façon dont a évolué l'Univers dans le temps :

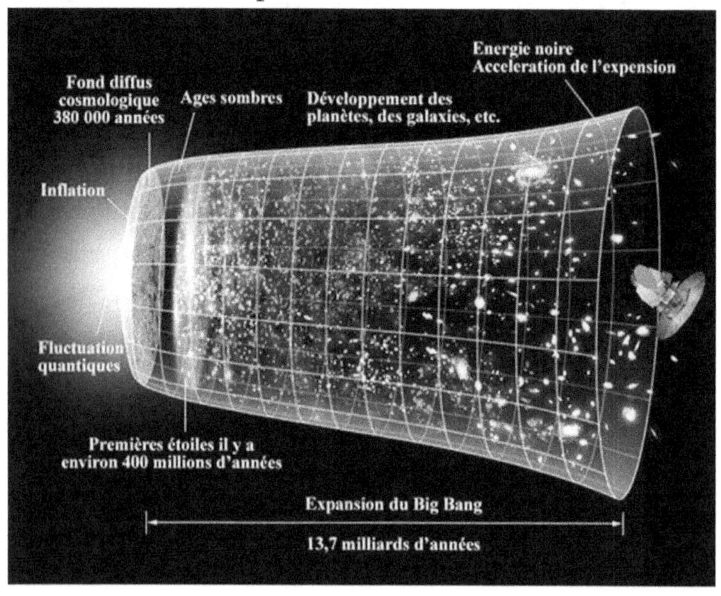

[106] Futura Science, *Sciences $E=mc^2$* [En ligne] ehj.land/LSL-lien40 [Consulté le 2 mars 2017].
[107] CNRS, 2005, *Énergie noire ou constante cosmologique* [En ligne] ehj.land/LSL-lien41 [Consulté le 2 mars 2017].
[108] Harvard, *The High-Z SN Search* [En ligne] ehj.land/LSL-lien42 [Consulté le 2 mars 2017].

Maintenant que l'on comprend mieux l'Univers, faisons un lien avec un autre mécanisme découvert en physique quantique, très intéressant.

4 – Intrication quantique

Ce phénomène signifie que deux atomes qui ont interagi d'une certaine manière à un moment donné, une fois séparés (même par de grandes distances), sont encore liés, jusqu'à un certain point avec une durée de connexion faible (*décohérence*). Deux particules intriquées vont pouvoir communiquer plus rapidement que la vitesse de la lumière.

Deux diamants issus de la même pierre et traités d'une manière identique sont placés à 1,3 km de distance. On envoie sur le premier des micro-ondes. On détecte alors instantanément un spin (une charge électrique) modifié dans les deux.

Cette charge est absente des deux diamants en l'absence des micro-ondes. De plus, l'information s'est déplacée de manière plus rapide que la lumière.[109] Cela montre un lien entre les deux pierres et que celles-ci sont reliées d'une certaine manière.

Cela signifie donc que les particules sont connectées et que, quand on les sépare, elles évoluent ensemble. Elles se connaissent l'une et l'autre, ainsi quand on les sépare elles évoluent de la même manière et conservent un lien. Un peu comme les jumeaux.

---

[109] Pour la Science, 2015, *L'intrication quantique confirmée par une expérience de Bell sans faille* [En ligne] ehj.land/LSL-lien43 [Consulté le 2 mars 2017].

Tout provenant de la même origine, le Big Bang, alors, il semblerait que tout soit relié.

Il existe ainsi une multitude de champs d'interconnexion imbriqués avec la matière.

Cela veut dire que nous sommes connectés à l'univers, à notre galaxie, à notre système solaire, à la terre, à tous les Hommes.

Cela ne signifie pas une connexion permanente à l'ensemble, l'intrication quantique nous prouve que ces phénomènes sont de l'ordre de quelques secondes au maximum, l'environnement extérieur provoquant ensuite l'arrêt de l'intrication (la décohérence).[110] De plus, deux particules n'ont pas nécessairement besoin d'être proches spatialement pour devenir intriquées, mais peuvent le devenir si elles sont capables de communiquer (par l'intermédiaire d'un photon par exemple).

Cela ouvre la voie à l'existence d'une conscience et d'une inconscience collective ! Il semblerait que l'on fasse partie du grand tout.

Rien de tel qu'une expérience sur les rats pour prouver ceci !

« McDougall réalisa en Angleterre des expériences sur les rats pour leur apprendre à choisir entre deux sorties d'une cage, l'une éclairée, mais assortie d'une forte décharge électrique et l'autre sombre, mais sans choc électrique. La première génération de rats a commis 165 erreurs, la trentième n'en commettait plus que 20. La même expérience réalisée à 20 000 km de là, en Australie, montra que les rats

---

[110] JOOS, Erich ; et AL., 2003, *Decoherence and the Appearance of a Classical World in Quantum Theory*, Springer, Berlin, 496 p.

australiens avaient bénéficié de l'apprentissage de leurs confrères anglais… »[111]

Cela pourrait expliquer que des découvertes aient été faites simultanément à différents endroits du globe et sans que les personnes ne se connaissent ni n'aient lu les travaux de l'autre :

– La théorie de l'évolution par la sélection naturelle, attribuée à Charles Darwin est, en fait, attribuée en co-découverte à Alfred Russell Wallace également.[112]

– La découverte d'une nouvelle particule subatomique : Burton Richter et Samuel Ting découvrent le méson J/Ψ en même temps et se verront remettre un prix Nobel de physique ensemble.[113]

Ça ne vous est jamais arrivé de penser la même chose qu'un ami au même moment ? D'avoir envie de la même chose, sans raison apparente ? Il se peut que ce soit un phénomène d'intrication quantique qui ait encore frappé !

---

[111] DREW, George C., 1939, *McDougall's experiments on the inheritance of acquired habits*, Nature, vol. 143, n° 3614, pp. 188-191.

[112] BRASIER, Laurent, 2013, *Wallace : père de la biogéographie*, Le Monde [En ligne] ehj.land/LSL-lien44 [Consulté le 2 mars 2017].

[113] Nobel Prize, 2017, *The Nobel Prize in Physics, 1976* [En ligne] ehj.land/LSL-lien45 [Consulté le 2 mars 2017].

5 – La téléportation quantique

Des chercheurs autrichiens ont, en 1997, réussi à téléporter l'information contenue dans un photon d'un point A à un photon B ![114] Ce n'est certes qu'une distance de 1 mètre et ce n'est également certes qu'un photon d'une masse 10^{-54} kg et d'une taille de 10^{-20} m, mais c'est déjà incroyable.

En théorie, le résultat pourrait ainsi être identique sur 100 km, 10 000 km, voire de l'autre côté de l'Univers.

Si on parle de téléportation quantique, on ne parle pas d'une copie : un clonage quantique est impossible.[115] Il s'agit de transférer l'information d'un objet vers un autre constitué d'atomes différents. Seule l'information serait conservée (telle que l'état et la position des atomes), mais la matière (le corps) serait alors différente. L'objet original serait, lui, détruit lors du processus.

---

[114] BOUWMEESTER, Dik ; et AL. 1997, *Experimental quantum teleportation*, Nature, Vol 390, pp. 575-579.

[115] WOOTTERS, William, K. ; ZUREK, Woiciech H., 1982, *A single quantum cannot be cloned*, Nature, Vol 299, pp. 802-803.

V – Aller plus loin

1 – Pourquoi les religions

Les religions cherchent toutes, d'une certaine manière, à expliquer ce qu'il y a derrière la spiritualité en y mettant une forme et en écrivant une belle histoire, mais ce sont surtout les débuts de l'éducation et de la sagesse populaire qui ont permis de réguler les comportements humains, de proposer des clefs sur le sens des difficultés de la vie et de donner des références et valeurs communes pour constituer une société.

Toutes les religions prônent de respecter la vie et d'aider son prochain. Leurs valeurs sont toutes bienveillantes et positives avec la valorisation de la compassion.[116] Elles contiennent aussi des injonctions à la violence.[117] Ce sont les hommes ayant, par la suite, porté ces religions et les ayant dirigées qui en ont fait des objets cherchant à s'imposer à d'autres.

C'est leur vanité qui a voulu imposer leurs croyances comme étant supérieures.

La religion a cherché à expliquer de manière imagée et souvent poétique le monde, l'Univers et l'Humanité.

---

[116] AMSTRONG, Karen, 2008, *The Charter for Compassion*, Charter for compassion [En ligne] ehj.land/LSL-lien34 [Consulté le 4 mars 2017].

[117] BERTRAND, Michel ; CABANEL, Patrick, 2005, *Religions, pouvoir et violence*, Presses Universitaires du Mirail, Toulouse, 208 p.

Dans les pays riches, les religions sont peu à peu délaissées au quotidien pour leur trop grande fermeture d'esprit. Les Hommes qui incarnent le culte, ainsi que la séparation des pouvoirs religieux de ceux du gouvernement sont des facteurs qui peuvent expliquer ceci.

Il y a, dans le même temps, de nombreuses personnes qui cherchent une quête spirituelle, sans forcément savoir de quelle manière s'y prendre.

*
* *

Une proportion de 82 % de la population mondiale déclare que la religion est importante dans sa vie et la carte ci-dessous (issue de Gallup[118]) est construite sur cette valeur médiane, selon le degré de religiosité moyen du monde.

1 – Seuls 25 % des Français disent que la religion joue un rôle important dans leur vie quotidienne.

2 – Les habitants des États-Unis sont, par exemple, encore 65 % à déclarer que la religion est importante dans leur vie quotidienne !

3 – La moyenne dans les 27 pays dits « riches » est de 38 %.

---

[118] PELHAM, Brett ; CRABTREE, Steve, 2009, *What Alabamians and Iranians Have in Common*, GALLUP [En ligne] ehj.land/LSL-lien46 [Consulté le 4 mars 2017].

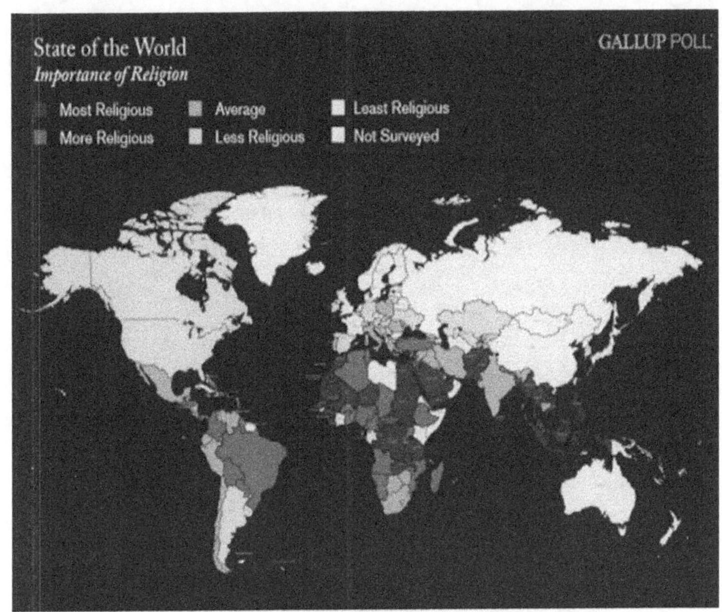

L'Église catholique, pour prendre un exemple, a perdu une grande partie de son autorité en France, selon différents seuils de laïcisation, d'après Jean Baubérot :[119]

Les raisons en seraient :

1 – La loi de séparation de l'État et de l'Église, qui a empêché cette dernière d'écrire la loi, puisque celle-ci n'est plus d'inspiration divine.

2 – La mise en place d'une école publique totalement séparée de l'Église.

3 – Les transformations de l'appartenance ou des pratiques religieuses, générant beaucoup moins de participation à la messe hebdomadaire ou aux fêtes religieuses mensuelles, spécialement chez les jeunes.

---

[119] BAUBEROT, Jean, 2013, *Histoire de la laïcité en France*, Poche, Paris, 128p.

On sent qu'il y a un éloignement des religions, confirmé par des projections pour la France (à prendre avec des pincettes, car bien avisé celui qui saura à quoi ressemblera 2050) :

Année	Christianisme	Sans religion	Islam	Autres religions
2010	63,0 %	28,0 %	7,5 %	1,5 %
2020	58,1 %	31,9 %	8,3 %	1,7 %
2030	53,1 %	36,1 %	9,1 %	1,7 %
2040	47,9 %	40,5 %	9,9 %	1,7 %
2050	43,1 %	44,1 %	10,9 %	1,9 %

Projection des différentes religions à 2050 selon PEW Forum[120]

La perte d'influence des religions se manifeste par des aspects spectaculaires tels que « La manif pour tous » ou l'intégrisme, voire le fanatisme religieux, pour tenter de montrer que les religions sont encore présentes. Ces phénomènes sont extrêmement minoritaires chez les croyants qui vivent loin de ces outrances et qui expriment leur foi au-delà du fait qu'elle n'est plus majoritaire d'un point de vue statistique.[121]

La religion répond à de grandes questions telles que la vie après la mort, les esprits, la réincarnation.

Si vous trouvez des choses qui vous font du bien, alors pratiquez-les et essayez de devenir meilleur dans votre quotidien pour faire le bien autour de vous ; certaines

---

[120] Pew Research Center, 2015, *Religious Composition by Country*, 2010-2050 [En ligne] ehj.land/LSL-lien47 [Consulté le 4 mars 2017].

[121] COMTE-SPONVILLE, Andre, 2016, *Avec ou sans Dieu. La vie de l'esprit*, Le Monde des religions.fr [En ligne] ehj.land/LSL-lien48 [Consulté le 4 mars 2017].

réponses à ces grandes questions pourraient alors vous apparaître.

« Il n'y a que les routes qui sont belles et peu importe où elles nous mènent », ces paroles de Jean-Jacques Goldman me semblent très justes sur ce chemin. Le chemin est ainsi le plus important et je serais, à ce jour, fort incapable de vous dire personnellement que j'ai rencontré Dieu, des anges, le continent des morts, etc.

Mon approche reste simple et pragmatique ; les exercices, notamment de méditation, me font du bien, me permettent d'avoir le cerveau vide et disponible, de développer ma concentration et d'être bien dans ma vie. Si cela peut mener à d'autres expériences et que ce sont les prémices d'une plus grande ouverture, alors, pourquoi pas…

J'aurais envie de croire qu'il n'y a pas que nous. La physique nous prouve des choses très intéressantes en ce moment. Néanmoins, c'est un sujet encore très peu étudié, sur lequel on manque de certitudes.

Différences entre religions et spiritualité

De mon point de vue, pour faire la différence entre religion et spiritualité :

– La religion vous dit comment est le monde, comment les choses ont été créées, comment les gens sont censés être, etc. C'est une pratique d'apprentissage hiérarchique, où il y a un sachant, des dogmes et rien ne peut être questionné ni remis en cause.

– La spiritualité vous aide à découvrir par vous-mêmes les différences qui enrichissent notre monde, à vous construire votre chemin et à comprendre comment les Hommes peuvent interagir entre eux.

Ou encore, pour reformuler :

– La religion c'est mettre en avant la peur de l'enfer et cultiver sa droiture d'âme pour aller au paradis en se comportant bien dans sa vie.

– La spiritualité serait plutôt de comprendre qu'on obtient de ce monde ce qu'on lui donne. La spiritualité est dans une logique de donnant-donnant. Vous réalisez une action positive pour aider quelqu'un, alors le monde aura une sorte de dette envers vous ; l'un dans l'autre, en faisant des actions positives, vous vous aiderez vous-même à être plus heureux.

2 – La méditation

Pour comprendre la méditation, il faut comprendre ses effets sur le cerveau.

Antoine Lutz, de l'INSERM à Lyon, a travaillé avec Matthieu Ricard, le porte-parole du Dalaï-Lama en France. Celui-ci est passionné par les sciences (docteur en biologie avant de se convertir au bouddhisme) et souhaite contribuer à rendre scientifiques les bienfaits pour le cerveau de la méditation, il a notamment écrit *l'Art de la méditation.*[122]

Ils ont ensemble comparé le niveau méditatif de 10 étudiants de 21 ans n'ayant jamais médité (le groupe de contrôle) à celui de 8 lamas bouddhistes, dont Matthieu Ricard, qui ont en moyenne entre 15 et 40 ans de pratique, ce qui équivaut à environ 10 000 à 50 000 heures de pratique méditative[123] (le groupe de pratiquants).

*
* *

Les résultats sont incroyables.

L'abscisse représente le numéro des participants et l'ordonnée le ratio entre le stade initial au repos et l'état

---

122 RICARD, Matthieu, 2010, *L'art de la méditation*, Pocket, Paris, 160 p.

123 LUTZ, Antoine ; GREISCHAR, Lawrence L., RAWLINGS, Nancy B., RICARD, Matthieu, 2004, *Long-term meditators self-induce high-amplitude gamma synchrony during mental practice*, PNAS, Vol 101, Issue 46, pp. 16369-16373.

méditatif au niveau de l'intensité des ondes gamma durant l'exercice.

Les étoiles noires signifient des résultats 2 fois supérieurs à l'état de base et les étoiles rouges un résultat 3 fois supérieur à l'état de base.

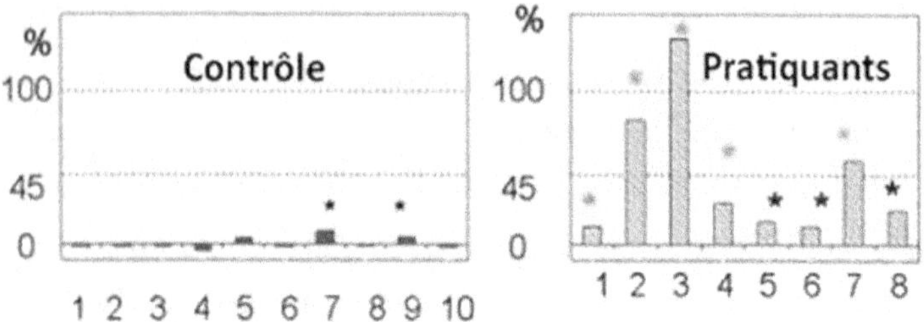

D'un point de vue graphique, pour chaque cerveau, cela donne ces résultats, avec, à gauche, le groupe de contrôle d'étudiants et, à droite, le groupe de lamas :

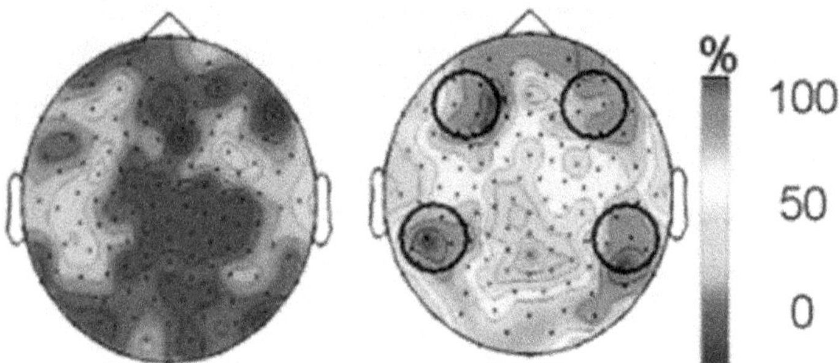

Pour bien comprendre ce graphique, ayez en tête qu'il n'y a pas ou peu d'activité au début de l'expérience, soit 0 % au départ (zone bleu foncé) et que ces résultats sont la moyenne des photos prises toutes les 2 secondes durant 60 secondes à partir du début de la méditation.

Vous pouvez ainsi comparer le niveau de concentration d'un lama à celui d'un étudiant de 21 ans sans entraînement, qui est sans commune mesure !

*
* *

Pour aller plus loin, Britta Hölze, une psychologue de l'université Ludwig Maximilian à Munich, a aussi étudié l'évolution des capacités des personnes n'ayant jamais médité. 18 personnes se sont inscrites à un cours de méditation d'un institut appelé MBSR ayant pour objet la réduction du stress en 8 semaines ainsi qu'un échantillon de contrôle de 17 personnes.

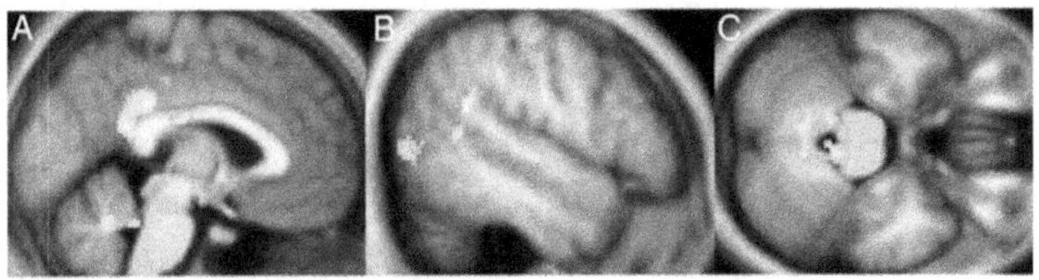

Pour les personnes ayant suivi le protocole MBSR, il a été constaté une augmentation jusqu'à 1 % de la matière grise du cerveau dans les zones suivantes : cortex cingulaire postérieur (A) ; jonction temporo-pariétale (B) ; cervelet latéral et tronc cérébral (C).

Ces augmentations spectaculaires ont eu lieu pour le groupe ayant fait en moyenne 27 minutes d'exercices en partie méditatifs par jour durant 8 semaines ![124]

Cela permet ainsi de lutter contre le vieillissement du cerveau et de développer ses capacités mentales très simplement et rapidement.

---

[124] HOLZEL, Britta K. ; et AL., 2011, *Mindfulness practice leads to increases in regional brain gray matter density*, Psychiatry Research, Vol 191, Issue 1, pp. 36-43.

***

L'objet de la méditation est d'entraîner son esprit à focaliser son attention sur ses émotions et le moment présent, puis d'apprendre au fur et à mesure à se contrôler. En ayant pour objectif de ne pas se laisser distraire, ce qui est en réalité impossible ! Tout son, toute pensée, vient casser cet état méditatif. Ainsi l'entraînement consiste à prendre conscience de ce vagabondage, de ramener son attention sur l'objet de focalisation.

Le processus mental impliqué dans la méditation est décomposable en 4 phases liées à l'attention. Ce cycle se répète de manière continue durant la séance de méditation, ce qui tend à modifier l'état de conscience du sujet et déclenche un sentiment de bien-être.[125]

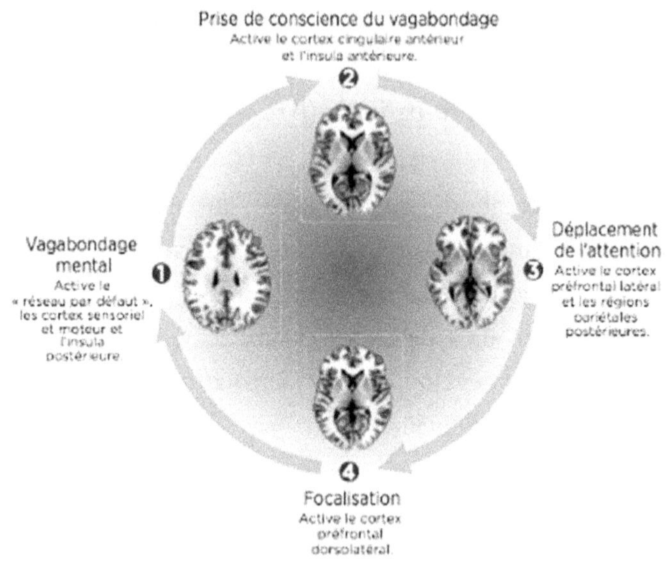

---

125 SENDER, Elena, 2015, *Un cerveau plus jeune grâce à la méditation*, Sciences et avenir, n° 797.

Une fois ces résultats théoriques présentés, approfondissons cette question pour comprendre quelles peuvent être les bonnes manières pour méditer.

Balayons d'abord quelques questions :

Y a-t-il une position à adopter pour bien méditer ?

Non, cela dépend de vous et de la position qui vous permet d'être confortable.

– Si vous êtes confortable assis sur une chaise avec les pieds qui touchent le sol, alors très bien.

– Si vous êtes confortable assis en tailleur, alors faites-le.

– Si vous être confortable autrement (en faisant le poirier), alors c'est vous qui voyez !

Pourquoi entend-on partout qu'il y a des positions à tenir ?

Cela vient du yoga, qui est l'enseignement prépondérant de la méditation à l'heure actuelle. Le yoga est fondé sur des positions, qui sont en lien avec les Chakras. Dans le yoga, certaines positions sont considérées comme favorisant plus la méditation et la circulation d'énergies, d'où le fait qu'elles puissent être favorisées.

Le yoga a pour vocation de débloquer le corps et l'esprit par une gymnastique douce et pleine de contrôle.

J'aimerais dresser une comparaison avec le sexe. Ce n'est pas parce que les Français préfèrent certaines positions et que le Kamasutra dit qu'il y a des positions pour prendre plus de plaisir qu'avec votre compagnon vous allez préférer ces positions, mais vous pouvez bien sûr essayer. Dans la méditation, c'est pareil, faites comme vous vous sentez le mieux, ne vous mettez pas de blocage et peut-être que naturellement vous viendrez vers les positions du yoga.

Écoutez votre corps et installez-vous dans une position dans laquelle vous êtes à l'aise.

Où pouvez-vous le faire ?

Où vous voulez, dès que vous avez un instant de calme et un état d'esprit disponible :

– Dans une salle ou file d'attente.

– Devant un ordinateur.

– Dès que vous avez un moment d'attente (chez le médecin, en attendant un ami, en vous réveillant, etc.).

– Dans le bus, métro, taxi, en passager dans une voiture (je tends à favoriser un lieu silencieux et les transports ne le sont pas toujours).

On peut se forcer à faire des mini-méditations pour éviter d'entreprendre une activité addictive :

– Consulter Facebook,

– Fumer,

– Jouer avec son téléphone.

Cela peut empêcher de commencer cette activité à intérêt faible, qui allait occuper votre temps.

Pour le moment, ma préférence va vers le matin après le réveil, ou avant un repas (mais voyez comment vous préférez).

Y a-t-il une durée minimale pour méditer ?

J'ai noté au-dessus que vous pouvez le faire dès que vous avez un moment d'attente, cela nécessite au moins 30 secondes. En 30 secondes, ce sera plus de la relaxation qu'une méditation profonde, mais sur le papier, c'est jouable d'exercer une méditation intéressante.

La méditation, c'est pour moi un espace qui vous permet de vous vider le cerveau.

Les méditations conseillées à des débutants sont de l'ordre de 10 à 15 minutes.

Les maîtres peuvent pratiquer durant de longues heures, voire des jours la méditation, il y a toujours des choses à découvrir en soi.

Vous avez peut-être entendu parler de l'histoire de Little Bouddha, qui est resté jusqu'à 8 mois au pied d'un banian (arbre sacré de la région Indienne) au Népal.[126]

N'allez pas vous amuser à imiter Little Bouddha ! Sachez que vous trouverez sur YouTube des méditations guidées de 30 secondes, 10 minutes, 1 heure, etc. beaucoup plus accessibles à une initiation.

Sachez aussi que les initiés déconseillent l'usage de vidéos YouTube et conseillent de le faire avec quelqu'un qui en a l'habitude : il saura mieux vous accompagner dans votre démarche et vous mettre un cadre précis dans lequel réaliser vos méditations.

Je pense que les deux peuvent être complémentaires selon l'étape à laquelle vous vous trouvez. Encore une fois, le meilleur conseil est de le réaliser d'une manière avec laquelle on se sent à l'aise, quelques exemples vont vous être donnés par la suite.

Y a-t-il une fréquence ?

Vous êtes totalement libre de faire comme bon vous semble. Il est souvent recommandé d'en faire 30 minutes par jour… Je connais peu de gens qui arrivent, dans nos vies modernes, à en faire autant.

---

[126] KHADKA, Navin Singh, 2005, *Scientists to check Nepal Buddha boy,* BBC News [En ligne] ehj.land/LSL-lien49 [Consulté le 17 mars 2017].

Personnellement, j'ai plutôt une démarche d'opportunité. Lorsque j'ai un temps mort dans ma journée, je me recentre sur moi-même et quand j'ai un peu de temps en week-end et l'envie de me poser, je fais une séance de 15 à 30 minutes. Je commence à me créer une routine le matin, par exemple.

Vous pouvez l'inclure dans une routine :

– Chaque matin au réveil j'en fais 15 minutes.

– Chaque lundi soir, j'en fais 30 minutes.

– Chaque jeudi midi, j'en fais 15 minutes.

– Chaque jour, quand j'y pense, j'en fais 30 secondes pour me recentrer sur le moment présent.

– Au travail, entre deux activités, pour me recentrer, je fais une pause d'une minute pour être plus *focus*.

Il faut que ce soit du plaisir pour vous, si vous vous forcez, il n'y a aucun intérêt.

– Forcez-vous quand même lors des quelques premières séances, pour découvrir : c'est comme quand les enfants disent qu'ils n'aiment pas les haricots, alors qu'ils n'y ont jamais goûté !

La méditation est simple et efficace, j'espère qu'avec ces quelques arguments vous déconstruirez les mythes qui l'entourent, pour adopter une pratique simple, bienveillante et positive pour vous.

Ça fait quoi, du coup ?

Pour conclure sur ce chapitre, la méditation a pour objectif d'une part de vous faire prendre conscience que :

1 – Vous pouvez contrôler votre cerveau.

2 – Vous pouvez changer, évoluer, il suffit de le vouloir.

3 – Vous pouvez être positif, optimiste, bienveillant, c'est une question d'envie.

4 – Vous pouvez avoir une plus grande stabilité émotionnelle.[127]

D'autre part, elle vous aide à développer des capacités en vous :

1 – Vous développez votre concentration.

2 – Vous êtes plus ouvert d'esprit.

3 – Vous êtes plus présent.

4 – Vous devenez plus calme.

5 – Vous devenez plus heureux.

La méditation est l'art de la contemplation intérieure. Elle vous permettra de mieux vous connaître et d'être mieux dans votre vie. Personnellement, la pratique de la méditation m'a fait beaucoup de bien. Après, que vous croyiez ou non aux arguments de ce livre, tant que les effets de l'expérience sont positifs pour vous, c'est l'essentiel.

---

[127] TAYLOR, Véronique A., et AL., 2011, *Impact of mindfulness on the neural responses to emotional pictures in experienced and beginner meditators*, Neuro Image, Vol 57, Issue 4, pp. 1524-1533.

3 – Les différents types de méditation

La méditation, c'est très simple ; sa complexité vient du fait qu'il peut y avoir beaucoup de manières de la pratiquer.

C'est faire le vide, et il existe quelques grandes familles de méditation pour ce faire :[128]

1 – Pleine conscience,

2 – Transcendantale,

3 – Observatrice,

4 – Active.

Il existe de nombreuses techniques relatives à chaque famille et je ne pourrai pas être exhaustif, mais cette présentation vous permettra surtout d'avoir une initiation aux différentes familles possible. Elles sont présentées par ordre de facilité.

1 – La pleine conscience

C'est la plus facilement accessible, elle focalise son attention sur les émotions ressenties à l'instant présent. Elle augmente la concentration et évacue un stress léger.

Mini méditation de 30 secondes

Une mini méditation, c'est quand on a un moment (comme indiqué précédemment) :

---

[128] LESHAN, Lawrence, 1999, *How to Meditate: A Guide to Self-Discovery*, Little, Brown and Company, Boston, 240 p.

– On ferme les yeux et on se concentre sur sa respiration.

– On ressent l'air, c'est-à-dire qu'on visualise les molécules d'air qui entrent et qui sortent de notre corps.

– Et on fait des inspirations et expirations complètes.

Vous pouvez laisser s'écouler une ou deux secondes entre inspirations et expirations si vous avez envie, l'important est d'être bien.

Entre 3 et 5 respirations vous permettront d'écouler les 30 secondes ; si vous vous sentez bien, rien ne vous empêche de continuer.

Ça dure 30 secondes, mais ça change la vie ; ça change notre manière de penser ; ça calme notre esprit ; ça permet de se recentrer sur soi, de vivre l'instant présent, de ne plus être dans la course, de vider son cerveau, etc. Bref, ça fait du bien !

Séance de 10 à 20 minutes

Vous avez réussi la méditation en 3 respirations ? Vous vous êtes rendu compte que ça faisait tellement de bien que vous êtes allé jusqu'à 5 respirations et vous avez constaté que ça a duré 1 minute au lieu de 30 secondes, et tout ça sans vous en rendre compte ? Bienvenue dans le monde merveilleux de la méditation !

Quand vous aurez un moment, je vous propose d'augmenter petit à petit jusqu'à 15 minutes : passez à 2 minutes, puis à 3, à 5, etc., jusqu'à 15 minutes.

Si vous passez à 15 minutes d'un coup, la tension va s'installer dans votre pratique et ça va vous causer des problèmes de concentration. Soyez un gendarme bienveillant avec vous-même.

Vous constaterez alors une différence ! Vous allez vous rendre compte qu'après 5 à 10 respirations, vous allez avoir des pensées qui viennent vous titiller le cerveau. Peut-être qu'à la 4e ou 5e respiration vous avez déjà ressenti ceci ?

Le secret est l'acceptation de ces pensées !

Vous débutez et c'est normal d'en avoir qui reviennent en flot continu. Vous n'avez pas encore l'habitude de laisser votre cerveau au calme, mais vous avez senti le temps de quelques respirations que vous avez réussi ? Alors, il suffit de développer cette capacité dans le temps !

Pour cet exercice :

1 – Prenez votre smartphone et mettez un minuteur à environ 2 minutes (vous garderez le contrôle).

2 – Fermez les yeux.

3 – Ressentez l'air qui vous traverse et bloquez après chaque respiration 1 seconde (si vous en ressentez l'envie).

4 – Dès que vous percevez une pensée qui arrive, laissez-la passer.

5 – Voyez-la arriver, laissez-la passer et focalisez-vous de nouveau sur votre respiration, votre attention portée sur votre respiration étant plus forte que celle portée sur la pensée, elle devrait naturellement disparaître.

En soi, le minuteur peut vous stresser un peu aussi, mais c'est bien de commencer avec un cadre ; lorsque vous serez à l'aise, n'hésitez pas à enlever le minuteur pour approfondir en fonction de vos envies.

2 – La visualisation

Elle permet de visualiser les choses dans son for intérieur, ceci va permettre de renforcer son imagination, sa créativité, sa flexibilité et sa capacité de concentration.

La visualisation est un élément très important dans la pratique méditative, elle repose sur des images qui doivent être inventées par le cerveau. De la même manière qu'un rêve génère des images et des sensations, un voyage spirituel vous fera ressentir des sensations, voir des lieux, sentir des odeurs et mettra vos sens en éveil.

Le voyage visionnaire

Dans le voyage visionnaire, nous avons le contrôle. Nous pouvons poser des questions et trouver des réponses à un problème ou une situation donnée. Il est possible de retrouver sa motivation, sa créativité, l'espoir ou de la perspective. À l'aide de votre allié, vous allez réapprendre à vous écouter et à être guidé. Vous allez voyager en vous, comme un touriste qui découvrirait ce qu'il s'y passe pour mieux vous comprendre et mieux évoluer.

Ce type de voyage est adapté à tous ; tout le monde rêve, qu'il s'en souvienne ou non ! Le voyage sera plus visuel pour certaines personnes et alors vous vous représenterez des images ; pour d'autres, le voyage sera plus auditif et vous imaginerez des sons ; pour d'autres, cela pourra passer par un paysage émotionnel, des couleurs, des pensées, etc. Chacun est unique et chaque voyage est unique, le secret consiste à accepter ce qui arrive et à se laisser embarquer pour un voyage riche.

Ce voyage peut être issu de votre imaginaire, mais cela peut aussi provenir d'une énergie émanant d'ailleurs ; ne soyez pas fermé, ne soyez pas trop dans la réflexion avant de vous lancer. Mon conseil : faites l'expérience et réfléchissez après.

Séance de 10 minutes

Vous avez besoin :

1 – D'un enregistrement de tambour de 10 minutes (YouTube : Tambour 10 minutes).

2 – D'être assis confortablement (dans la position que vous souhaitez).

3 – D'une porte que vous allez traverser (vous l'imaginez : elle est quelconque, mais familière).

4 – D'un animal (que vous allez imaginer vous rejoindre).

5 – D'une question claire que vous allez vous poser.

Lorsque vous lancez l'enregistrement, fermez les yeux et imaginez que vous traversez une porte. Cela peut être votre porte d'entrée, une porte que vous aviez l'habitude de traverser étant enfant ou autre.

Vous allez imaginer un animal qui vient à votre rencontre ; vous pouvez décider, avant le début de l'exercice, lequel il sera ou attendre de voir. Faites-le bouger de gauche à droite pour qu'il soit bien net dans votre visualisation. Si c'est un autre animal qui se présente que celui que vous avez choisi, c'est bien également !

Vous pourrez lui demander comment il s'appelle, ce qu'il a à vous dire, solliciter ses conseils, etc. Il est là pour vous aider, prenez-le comme un compagnon, un ami ou un allié.

Enfin, il faut que vous entamiez cet exercice avec une question importante qui tracasse votre esprit. Vous la poserez à votre animal avec qui vous allez discuter (si vous n'arrivez pas à discuter la première fois, ce n'est pas grave).

Vous pouvez avoir des moments où votre concentration diminue et d'autres pensées traversent votre esprit, laissez-les passer et recentrez-vous sur le voyage. Sachez aussi que les images, sons et impressions peuvent être clairs à un moment donné et vagues à d'autres, cela fait partie du voyage.

Cela dure 12 minutes au total ; soyez décontracté, éteignez le téléphone, mettez-vous dans une pièce seul, avec des écouteurs sur les oreilles ; soyez confiant et allez jusqu'au bout du voyage. Tout le monde vit quelque chose d'une manière ou d'une autre. N'ayez pas d'attente par rapport à l'expérience et vivez le moment présent !

Si vous voulez approfondir, vous pouvez toujours recommencer.

Il n'y a ni crainte ni peur dans les voyages que vous allez expérimenter, si vous en ressentez c'est que votre ego construit ce message négatif. Si vous acceptez la situation et que vous n'essayez pas de garder le contrôle, alors ce sentiment disparaîtra.

Selon les personnes, les sensations sont visuelles, pour d'autres, sonores, pour d'autres, olfactives. Ouvrez vos sens et vivez l'expérience pleinement !

La fin du voyage et le rappel sont marqués par une accélération du battement du tambour avant d'avoir des battements lents. Lorsque vous remarquez ceci, remerciez l'animal avec qui vous avez passé un moment et ramenez votre esprit dans votre corps.

Détendez-vous, respirez, réfléchissez à ce que vous avez vécu. Ne faites pas d'interprétation, mais vous pouvez écrire ce que vous avez vécu dans un carnet pour garder une trace. Vous pouvez aussi en parler à un proche si vous en ressentez le besoin.

L'interprétation de ce que vous avez vécu est souvent très subjective et très personnelle. Là où un message va avoir un certain sens pour une personne, il en aura un autre pour une autre personne… Le plus simple, si vous voulez approfondir, est de poser une intention de compréhension et d'entamer un second voyage !

3 – Autohypnose

Technique un peu plus élaborée, consistant à se guider soi-même grâce à sa voix intérieure ; elle permet de changer d'état d'esprit et de récupérer.

L'Autohypnose est utile lorsque vous êtes fatigué, que vous avez besoin de faire une pause, que vous êtes irrité ou dans un état d'esprit négatif, elle va vous permettre de vous recentrer sur vous-même, sur votre corps, et de repartir d'un bon pied pour la journée.

Vous aurez besoin de maîtriser déjà la médiation en pleine conscience pour utiliser cette technique.

Vous aurez, comme pour la visualisation, besoin d'une question claire.

Voici quelques exemples d'intention que vous pouvez poser :

1 – Clarifier vos pensées ou vos ressentis.

2 – Mieux écouter ou apaiser vos émotions.

3 – Trouver des pistes de résolution face à un problème rencontré.

4 – Prendre ou conforter une décision.

5 – Retrouver un état de relaxation et de détente.

6 – Prolonger un effet de bien-être.

7 – Autre…

Séance de 10 ou 20 minutes[129]

Comment faire une séance simple d'Autohypnose ?

Partez du principe que vous vivez des expériences positives, bienveillantes et nouvelles et cela passera très bien :

---

[129] TOUATI, Jean, 2013, *Pratiquer l'autohypnose, Hypnose Thérapeutique*, Blog [En ligne] ehj.land/LSL-lien50 [Consulté le 4 mars 2017].

1 – Déterminer dans votre tête la durée de la séance, 10 ou 20 minutes selon votre envie et répétez-la 5 fois dans votre tête.

2 – Regardez l'heure du début et ne mettez pas de chronomètre.

3 – Installez-vous confortablement.

4 – Fermez les yeux.

5 – Adoptez un rythme de respiration lent (une respiration pour 5-7 secondes).

6 – Recherchez en vous une partie de votre corps que vous ressentez ou imaginez comme moins tendu.

–> Un bras, une main, un genou, un pied, etc.

–> Le cou canalise souvent le stress par exemple.

7 – Sentez la détente de cette partie du corps et imaginez sa propagation dans tout votre corps.

8 – Posez à votre inconscient la question que vous avez en tête.

–> Laissez votre inconscient faire ; il va utiliser, naturellement et sans effort, vos expériences passées, vos connaissances conscientes et inconscientes pour vous aider.

–> Vivez vos émotions, vos sensations, vos ressentis.

–> Écoutez les informations qui viennent et vos flux de pensées qui vont vous venir à l'esprit.

Fin de séance :

1 – Vous reprendrez, au bout d'un moment, naturellement conscience. Vous vous rendrez compte que la durée que vous avez souhaitée a été respectée par votre inconscient. Vous aurez probablement l'impression que le temps est passé beaucoup plus rapidement.

2 – Analysez les effets bénéfiques et les changements agréables en vous, par rapport au début de la séance.

3 – Décidez de la fréquence de la répétition de l'exercice (1 fois par jour, 3 fois par semaine, etc.).

4 – Décidez des signaux qui font que vous allez vouloir faire l'exercice.

– Fatigue

– Irritabilité

– Besoin de clarification d'une situation

– Etc.

4 – La méditation transcendantale

Elle permet une relaxation profonde en faisant le vide en soi pour atteindre la plénitude et un état de paix intérieure.

La méditation transcendantale est associée à un son ou une syllabe, à une phrase qui se répète.

Vous aurez peut-être entendu des mantras célèbres qui viennent du bouddhisme, néanmoins, je vais vous rassurer, vous pouvez choisir des phrases en français, qui sont pour vous évocatrices de ce que vous cherchez, afin de vous permettre d'utiliser cette technique de manière compréhensible et simple.

La méditation transcendantale consiste en la récitation/répétition d'une phrase qui, au bout d'un moment, va occuper tout votre esprit et va vous permettre de calmer votre mental et d'accroître votre concentration.

Il existe une théorie dite « loi de l'attraction ». Sa pratique permet, en désirant profondément et intensément quelque chose, de créer les conditions de la réalisation de celle-ci. C'est en quelque sorte l'Univers qui répondrait à votre demande et qui vous encouragerait.

On peut ainsi avoir comme intention la compassion, la sagesse, la guérison, l'amour, la réussite d'un projet, etc. en récitant une simple phrase.

Séance de 10 à 20 minutes

Certaines traditions orientales utilisent, pour mesurer la durée, un collier avec lequel ils font un certain nombre de tours. Aujourd'hui, nous avons des minuteurs, mais, comme toujours, faites comme vous le préférez.

1 – Choisissez un mot ou une phrase positive et bienveillante qui correspond à ce que vous voulez voir arriver dans votre vie.

2 – Soyez confortablement installé (comme vous le souhaitez), au calme pour rester concentré.

3 – Faites quelques inspirations/expirations profondes pour vous relaxer.

4 – Répétez votre phrase ou votre mot, selon le rythme que vous souhaitez, rapide, lent, calé sur un rythme physique ou extérieur.

5 – Laissez passer les pensées qui vous distraient, puis concentrez-vous de nouveau sur le mot ou la phrase.

6 – Terminez la méditation, en fermant quelques moments les yeux pour sentir les effets.[130]

Pour que la loi d'attraction soit activée, certaines théories conseillent de répéter cette méditation sur plusieurs jours voire plusieurs semaines. Pour ne pas rester vague, j'ai trouvé le nombre de 20 jours comme étant une bonne synthèse de mes recherches.

---

[130] BILODEAU, Martin, 2014, *Méditer avec un mantra en 6 étapes faciles*, martinbilodeau.com, Blog [En ligne] ehj.land/LSL-lien51 [Consulté le 4 mars 2017].

Précision sur le mot/phrase : pour optimiser l'impact de la méditation transcendantale, il est conseillé de projeter sa méditation sur une affirmation au présent, comme si votre volonté s'était concrétisée.

Exemples :

– Vous souhaitez être heureux :

-> Vous n'allez pas dire : Je veux être heureux.

-> Vous pouvez dire : Je suis heureux.

– Vous souhaitez rencontrer un amour durable :

-> Vous pouvez dire : Je suis avec la personne que j'aime ; je vis avec la femme/l'homme de ma vie, etc.

– Vous souhaitez réussir professionnellement :

-> Je connais une grande réussite professionnelle.

– Vous souhaitez promouvoir la paix :

-> Je suis paix.

– Vous voulez avoir de la compassion pour ceux qui souffrent :

-> Tous les Hommes (êtres) vont bien.

4 – Comment être heureux dans la vie ?

Être heureux soi-même

De nombreuses clefs ont été données, dans les chapitres précédents, sur les processus de libération des peurs, comment vivre dans le présent, dans l'acceptation, dans la gratitude, dans l'optimisme en écoutant son corps et sans ego.

Ces clefs ouvrent la possibilité de se créer un bonheur profond. Vous trouverez quelques grandes clefs complémentaires dans ce chapitre.

Une étude de Harvard menée par George Bradt et Dan Doctoroff a cherché à comprendre le secret du bonheur dans la vie sur la promotion 1980.[131]

Trois catégories de biens en sont ressorties :

– Faire le bien pour les autres

–> Donner du sens à son travail (un impact sur les autres, en lien avec nos valeurs).

–> Partager une vision commune (capacité d'action, partage de l'information).

– Bien faire les choses

–> Corrélation avec ses points forts et les ressources dont on dispose (temps et soutien).

---

[131] BRANDT, George, 2010, *The Secret of Happiness (per Harvard class of 1980)*, Prime Genesis [En ligne] ehj.land/LSL-lien52 [Consulté le 4 mars 2017].

–> Employabilité (apprentissage, développement, développement de son CV).

– Faire le bien pour soi-même

–> Plaisir au quotidien (travail/activité que l'on aime, en lien avec ses intérêts personnels).

–> Compensation (monétaire, non monétaire, respect et reconnaissance).

La conclusion de l'étude se traduit par 5 recommandations, pour être heureux dans les 5 prochaines années :

1 – Chérir ses relations les plus importantes.

2 – Être acteur de sa vie.

3 – Prendre soin de sa santé, son bien-être, sa sécurité financière et son équilibre vie privée/vie personnelle.

4 – Se concentrer sur ses points forts plutôt que ses points faibles.

5 – Rendre les autres heureux.

L'étude Grant et Glueck, qui a duré 75 ans, l'une des plus longues études encore en cours, montre deux résultats principaux :[132]

1 – Le bonheur, c'est de l'amour ; les bonnes relations nous rendent plus heureux et en meilleure santé.

–> Les relations parentales ont été très étudiées, de bonnes relations avec la mère font gagner plus d'argent et protègent contre Alzheimer.

–> De bonnes relations avec le père réduisent le niveau d'anxiété à l'âge adulte, font plus profiter des vacances, augmentent la satisfaction à 75 ans.

---

[132] VAILLANT, George E., 2012, *Triumphs of Experience: The Men of the Harvard Grant Study*, Belknap Press, Cambridge, 480 p.

2 – L'alcoolisme n'est pas la racine du malheur, mais est très corrélé à lui.

–> Il est à l'origine de divorces, dépressions, névroses, morts prématurées.

Si vous savez être heureux seul, c'est souvent le premier pas pour accepter d'être heureux à deux !

Être heureux à deux

Le bonheur peut se développer seul, mais, pour beaucoup, il doit se développer à deux. Pour qu'il se construise sur des bases saines, il faut d'abord être heureux individuellement avant de croire que l'on va combler nos manques et nos vides avec l'autre.

Le couple est un moyen d'évolution comme un autre qui nous fait répéter les mêmes erreurs si l'on n'est pas capable de comprendre nos blocages et de les surmonter.

Il faut déjà commencer par déconstruire les mythes sur l'amour romantique que vous trouvez dans les livres ou dans les films ; la vraie vie, ce n'est pas cela :[133]

1 – L'amour dure toujours. L'idée n'est pas fausse, car des couples sont capables de conserver leur amour durant toute leur vie ; mais plutôt que de penser que l'amour doit être éternel, demandez-vous si vous êtes heureux dans votre relation.

2 – La jalousie est preuve d'amour. Cette idée est un non-sens absolu, elle sous-tend le manque de confiance en soi et en l'autre, un risque de domination, et n'est source que de sentiment négatif.

---

[133] VEDRINGA, Sandra, 2015, *L'amour véritable ne naît pas, mais il se construit*, Esprit Science Métaphysique, Blog [En ligne] ehj.land/LSL-lien53 [Consulté le 4 mars 2017].

3 – L'amour doit être passion. Les couples passent par différentes étapes ; la passion, dans un couple, correspond à l'étape 1 sur 5. Si vous restez à ce niveau, vous avez peu de chances d'être heureux à deux : l'intensité de la passion diminue avec l'évolution du couple, tendresse et communication unissent le couple.

Les cinq étapes de l'amour en couple :[134]

1 – La période de séduction

Lors de la séduction, et même une fois en couple cette période de lune de miel peut être importante. Elle passe par l'attirance, les regards et sourires, se développe avec la conversation, passe par le contact physique lorsque les deux personnes se rapprochent, puis c'est la danse de l'amour qui continue jusqu'à être sûr d'avoir réellement séduit l'autre. Durant cette période, on accueille l'autre comme un invité spécial en mettant les petits plats dans les grands lors de chaque rencontre.

Cette période va être déterminante pour savoir si les deux personnes veulent mener leur relation à l'étape suivante. Certains, pas prêts à s'engager, vont répéter cette période, jusqu'à avoir dépassé leurs obstacles personnels. Ils sont amoureux de la sensation de complétude que leur offre l'autre, ils ne sont pas réellement amoureux.

2 – La période d'adaptation

L'étape 1 tend à minimiser les défauts de l'autre, mais n'est pas faite pour durer, la véritable nature de chacun refait surface. Une personne mal dans sa peau va avoir tendance à

[134] DALLAIRE, Yvon, 2007, *Qui sont ces couples heureux ? Surmonter les crises et les conflits du couple*, Le Livre de Poche, Paris, 317 p.

répéter un schéma de couple passionnel jusqu'à ce que la passion diminue pour générer une nouvelle rupture. C'est la compréhension des raisons de ce cycle qui peut lui permettre de progresser.

Le couple permet de mettre en lumière nos vides, nos blessures et nos peurs, c'est un outil de développement spirituel très efficace. Cette étape permet de réaliser une introspection et d'évoluer vers la stabilité. Cette phase de lutte contre le pouvoir a pour enjeu l'autonomie émotionnelle de ses membres, afin d'avoir deux êtres au même niveau, prêts à avancer ensemble sur le chemin de l'amour.

3 – La période de stabilisation

La stabilité, c'est l'association de deux personnes imparfaites qui laissent place au « nous » qu'elles forment, afin de se faire grandir mutuellement. Elles ont conscience des failles et des défauts de leur partenaire et ne cherchent pas à les corriger. Elles avancent par résonance avec l'autre. C'est-à-dire que chacun utilise cet espace comme moyen de grandir, de comprendre et d'apprendre par des expériences communes. Ces deux personnes sont indépendantes, autonomes, partagent des moments ensemble et utilisent leurs disputes comme moyen de grandir et s'aimer davantage.

4 – L'engagement

C'est l'amour véritable, c'est la contribution de chaque membre du couple au travers du couple pour se faire individuellement et communément grandir. En traitant les problèmes de fond de votre relation, vous construisez les bases d'une relation durable ensemble, vous surmontez les blessures, les disputes, et l'amour véritable se développe. Vous aimez ce que vous construisez ensemble et lorsque vous dites « je t'aime », vous voulez exprimer « je nous aime ». La relation permet à chacun des individus de s'y sentir bien, de pouvoir s'y exprimer librement et d'être pleinement qui il est.

5 – Comment servir d'exemple

Il s'agit d'un couple qui inspire les autres, qui prouve à tous que le bonheur durable à deux est possible. Ces couples ont traversé des épreuves qui les ont aidés à grandir, ils semblent sereins, paisibles et donnent envie d'essayer de les imiter. Ce sont deux personnes affectivement indépendantes. Elles ne sont pas parfaites, ont encore des problèmes à régler, mais en sont conscientes. Le couple n'est pas pour eux le lieu où régler leur problème, même s'il peut les y aider. Chaque membre du couple est individuellement heureux avant de vouloir être heureux à deux.

Le secret d'une relation qui marche

Il y a deux qualités qu'il faut développer et entretenir si vous souhaitez qu'un couple tienne à long terme : la gentillesse et la communication.[135] [136]

La gentillesse signifie la bienveillance. C'est avoir de la tendresse et de l'attention pour son compagnon, être aimable pour le plaisir d'être gentil et non pas en attendant quelque chose en retour. La gentillesse préserve également de la toxicité qui peut se créer entre les individus.[137]

---

[135] GOTTMAN, John, 1995, *Why Marriages Succeed or Fail: And How You Can Make Yours Last*, Simon & Schuster, New York, 240 p.

[136] TASHIRO, Ty, 2014, *The Science of Happily Ever After: What Really Matters in the Quest for Enduring Love*, Harlequin, Toronto, 278 p.

[137] KIECOLT-GLASER, Janice K. ; GLASER, Robert ; CACIOPPO, John T. ; MALARKEY, William B., 1988, *Marital*

La communication est le second aspect essentiel d'une relation.

Vous pouvez retenir le ratio magique : si vous avez un ratio de plus de 1 sur 5 d'interactions négatives, il est probable que votre couple ne survivra pas.[138]

Plus vous aurez un taux d'interactions positives, plus vous aurez de chance que votre couple tienne à long terme (j'ai en tête le chiffre de 95 % d'interactions positives pour des couples qui tiennent 50 ans, mais je ne retrouve plus la source…).

La communication, la discussion, l'échange effectué de manière positive sont le terreau d'un couple que vous arrosez avec de la gentillesse.

En réussissant à communiquer aisément au sujet des choses qui vous tourmentent, vous réussirez à éviter les frictions dans votre couple.

Encore une fois, ce qu'on ne dit pas reste en nous, se fixe, se transforme en insomnie et en douleur, se transforme en nostalgie, en perte de temps, en devoir et en dette. Les mots que l'on ne dit pas se transforment en frustration, tristesse et en un manque de satisfaction. Ce que l'on ne dit pas ne meurt pas, mais nous tue et consume le couple.

La différence entre les couples repose dans la manière unique qu'a chacun de communiquer et des complicités qui vont en découler.

---

stress: immunologic, neuroendocrine, and autonomic correlates, The New York Academy of Sciences, Vol 840, pp. 656-663.

[138] GOTTMAN, John ; SILVER, Nan, 1994, *What Makes Marriage Work?*, Psychology Today [En ligne] ehj.land/LSL-lien54 [Consulté le 4 mars 2017].

*
* *

Ce qu'il faut retenir de la relation d'un couple, c'est la volonté de progresser à deux. En revanche, si l'un des deux n'évolue plus, ne souhaite pas évoluer, ou change, il est de son devoir de se respecter et de s'aimer suffisamment afin de décider de sa propre évolution. Le fait de vivre en couple n'est pas une fin en soi.[139]

[139] MARIE, Laura, 2014, *Quel est le But Spirituel des Relations Amoureuses ?* Lauramarietv.com, Blog [En ligne] ehj.land/LSL-lien55 [Consulté le 4 mars 2017].

5 – L'évolution spirituelle

Je vous préviens, certains éléments contenus dans ce chapitre sont d'ordre très spirituel, mais il me semble important de permettre à chacun de comprendre où il se situe dans sa spiritualité, et de concevoir qu'il peut y avoir différentes étapes. Pour moi, le sens de la vie est la recherche de sa propre spiritualité. Bien sûr, il faut avoir une activité quotidienne pour gagner sa vie. Cette activité est plus un passe-temps ou un moyen de remplir sa journée qu'un but en soi. La découverte et l'approfondissement de sa spiritualité sont, pour de nombreuses personnes, une quête de toute une vie dans laquelle il reste toujours des choses à apprendre.

Voici les différents états de l'évolution spirituelle :[140]

1 – L'ignorant.

2 – Le matérialiste sans risques.

3 – L'intellectuel curieux.

4 – L'adulte persévérant.

5 – Les grandes âmes.

6 – Le sage.

7 – Le maître.

Premier niveau : l'ignorant

Le premier niveau est caractérisé par l'absence de connaissances liées à la nature de l'esprit.

---

140 Yoga Esoteric, 2007, *The seven stages of the spiritual evolution*, Blog [En ligne] ehj.land/LSL-lien56 [Consulté le 4 mars 2017].

Pour les personnes de ce niveau, la considération spirituelle n'existe pas, sauf si elle est perçue comme instrument pour servir son propre intérêt. La mort correspond à une fin en soi. Ces personnes sont généralement menées par leurs émotions et leurs passions.

Ce niveau correspond à des personnes plutôt matérialistes, ayant pour principales préoccupations l'assouvissement des plaisirs des sens, de manière souvent excessive : boire, manger, s'accoupler et accumuler des biens.

Elles peuvent avoir des principes moraux, mais ceux-ci ne résisteront pas à la possibilité de transformer une situation à leur avantage.

Deuxième niveau : le matérialiste sans risques

Le second niveau se caractérise par une sensibilité, plus ou moins accentuée, aux autres états de conscience que ces personnes ont pu expérimenter si elles ont fait les quelques exercices de méditations proposés. Il existe néanmoins de nombreux autres moyens d'être sensible à ces autres états de conscience : pratique de yoga, méditation, expérience mystique, crise existentielle douloureuse, fréquentation d'êtres spirituels, etc. Cela peut leur permettre de développer des forces qu'ils pensaient ne pas exister en eux.

C'est un niveau où l'on ressent une conscience collective. On sélectionne mieux ses relations humaines, ses partenaires.

La différence n'est pas très grande avec le premier niveau ; l'acquisition de biens reste une motivation forte, voire prioritaire, ainsi que l'assouvissement des plaisirs des sens.

Une part significative des personnes de ce stade croit en l'existence d'un Être suprême, d'une énergie supérieure, d'un Dieu.

Mais celui-ci sert le plus souvent leurs propres intérêts ; elles ne s'intéressent pas réellement à leur propre spiritualité et auront du mal à discuter en profondeur de ces sujets.

Troisième niveau : l'intellectuel curieux

C'est le niveau mental avec le JE de l'ego. C'est le plan de l'individu, du pouvoir personnel, des leaders, des idéologies (religieuses, économiques, politiques…)

Les personnes de ce niveau recherchent des méthodes efficaces d'éveil d'une voie spirituelle authentique. Souvent au travers d'un « cocktail spirituel », une combinaison de postures corporelles, de thérapies, de lectures, de techniques de méditation.

Certaines personnes restent bloquées à ce niveau en pensant qu'ils ont trouvé la voie. On peut y trouver quelques « illuminés » par leur première expérience spirituelle. D'autres trouvent, au bout de ce chemin, la vraie voie et le maître spirituel ; alors, commence pour eux, réellement, l'aventure spirituelle.

Ces personnes accordent encore une importance forte à l'aspect matériel, à un moindre degré que les précédents, tout en croyant sincèrement à l'existence d'une énergie supérieure. Elles ont pu découvrir cette relation entre une énergie supérieure et le reste de l'univers.

Elles sont généralement pratiquantes d'une religion, dont elles acceptent les dogmes et la philosophie sans discuter, et comprennent le sens d'une énergie supérieure. Elles adhèrent à l'idée de l'au-delà, font preuve de curiosité intellectuelle face à la spiritualité en se posant des questions, bien qu'elles fassent preuve de peu d'imagination, avec, comme contraintes, les limites du monde matériel.

Quatrième niveau : l'adulte persévérant

Ce niveau est connecté à leur âme. L'amour spirituel et la vie avec leur âme sœur sont possibles ; cela signifie aimer l'âme de son compagnon au-delà de l'attirance physique.

Elles découvrent toutes les barrières qui les empêchent de progresser sur leur chemin et apprennent à éviter ces obstacles. Si elles veulent atteindre le niveau spirituel ultime, elles doivent continuellement développer leur pratique spirituelle, qui s'étendra à toute leur vie quotidienne.

C'est le début de la voie spirituelle authentique, les personnes de ce niveau ne sont plus préoccupées par l'accumulation de biens. Elles apprécient les plaisirs des sens, sans se laisser dominer par leurs émotions. Elles comprennent leur nature profonde dans la complexité entre le physique, l'intellect, les émotions et la spiritualité.

Elles assument leurs responsabilités concernant leurs pensées, leurs sentiments ou leurs actions. Elles parviennent à décrypter leur intuition, bien qu'elles intellectualisent un peu trop leurs raisonnements. Elles cherchent généralement l'énergie supérieure dans les différents textes sacrés. Elles ne se préoccupent plus des différentes religions et ont conscience de la valeur spirituelle de chacun. Elles s'intéressent enfin à l'invisible et commencent à communiquer avec différentes entités.

Cinquième niveau : les grandes âmes

Il s'agit d'un niveau de la super-conscience. L'amour est ressenti envers tous (humain, animal, végétal, minéral). Le seul partenaire possible est son âme sœur, il est possible de connaître un amour platonique. C'est le niveau des grandes âmes comme Beethoven, De Vinci, Pythagore, etc.

Elles sont émotionnellement stables et connaissent la paix intérieure ; les obstacles rencontrés ne les atteignent pas, au contraire ; l'agitation mentale diminue et une paix profonde s'installe en elles.

Les conflits et obstacles seront des moyens, pour ces personnes, de se souvenir de leur chemin pour atteindre la transcendance. Elles ont une compréhension juste et objective du réel et du mental. Elles aspirent à ce que leur paix intérieure et leur amour soient amplifiés au monde entier.

Ces personnes ont compris l'univers comme un tout, sont dotées d'une grande sensibilité par rapport aux autres, ne sont pas contre le matérialisme, mais ce n'est pas leur priorité. Elles aiment avant tout ce qu'elles font, ce qui peut les conduire à connaître le succès.

Elles ont développé un niveau d'intuition élevé et s'en servent beaucoup pour aider principalement les autres. Elles communiquent facilement avec leurs guides spirituels. Elles ont conscience de leurs actions et des effets de celles-ci sur leur évolution, pratiquant ainsi souvent différentes formes de méditations. Elles sont dotées d'une grande ouverture d'esprit pour comprendre et aider les autres, essaient de se débarrasser de leurs préjugés et, conscientes des lois d'équilibre de l'univers, elles tentent de les respecter au mieux.

Sixième niveau : le sage

Il s'agit du niveau de la conscience intuitive de l'âme. L'être n'a plus d'ego, il est une âme rayonnant d'amour, avec un taux vibratoire élevé.

Ce niveau correspond à la non-dualité (la dualité c'est l'opposition de deux phénomènes : ombre et lumière, ou pensée : amour et haine) et le monde est uni.

Ces personnes ont régulièrement des expériences spirituelles qui se produisent en elles : visions de formes et de lumière, audition intérieure de sons, ressenti des vies antérieures à la sienne ou entrée en contact de gens avec elles. Un sage saura aider à faire comprendre aux autres l'illusion du rêve ainsi que celle du monde physique « réel ». Un sage ressent l'illusion de la séparation entre lui-même et les objets qu'il perçoit ; la disparition de ce sentiment entraîne le sage à ressentir chaque objet comme relié à tous les autres et appartenant à l'univers. L'amour envers tout se révèle comme étant la base de tout.

Ces personnes ont conscience de leur évolution et du niveau de conscience atteint, et mettent en œuvre les principes de l'univers, incarnant les plus nobles qualités d'un Homme. Elles restent conscientes de ce qu'est la société, font face aux contraintes matérielles et les acceptent avec sérénité.

Ces personnes sont libérées des passions, ne sont plus dominées par leurs émotions ; elles ne voient plus de distinctions entre les Hommes et n'ont plus de préjugés.

Elles communiquent aisément avec les entités de l'invisible, ainsi qu'avec leur conscience profonde ; elles ont compris la mission de leur vie, ainsi que les leçons qu'elles sont venues apprendre. Certains ont pu acquérir la maîtrise des facultés psychiques pour guider ceux qui peuvent en avoir besoin.

Septième niveau : le maître

Ce dernier niveau est le plan de la conscience de la vie, c'est-à-dire de la conscience globale.

C'est le stade de la libération spirituelle ; ces personnes deviennent elles-mêmes une énergie supérieure.

Elles ressentent l'amour et la connaissance qui traversent leur corps de manière illimitée, elles savent que cet état a toujours existé en elles, mais a été caché par l'ignorance des niveaux précédents. Leur taux vibratoire est devenu très élevé et elles peuvent entrer en résonance avec tout objet ou toute personne.

Elles n'ont plus d'intérêt pour les aspects matériels.

C'est le niveau le plus élevé de l'évolution humaine ; celles qui y accèdent ont réussi à occulter leurs sens pour devenir un être spirituel ; les lois de l'univers font profondément partie d'elles. Elles sont des maîtres initiés, ayant réussi l'harmonie entre le corps, l'âme et l'esprit. Leur âme peut ainsi voyager vers des dimensions inconnues pour les autres Hommes et elles cherchent alors à remplir au mieux leur mission de vie.

Conclusion

Il n'existe que 7 niveaux d'évolution spirituelle, ce qui est relativement simple. Il existe néanmoins un grand écart entre le premier et le septième niveau. Il ne faut pas croire qu'il s'agit d'une échelle de valeurs entre les individus ; ce sont les expériences, qui diffèrent entre les individus, qui vont leur apprendre à surmonter les obstacles afin de continuer leur évolution.

Il n'est pas possible de noter les individus selon leur évolution, d'autant que le niveau d'évolution spirituelle des individus peut être changeant. Lors de votre progression, vous pourrez expérimenter des niveaux inférieurs afin d'apprendre une leçon qui vous sera utile pour mieux comprendre ce que vous et vos proches vivez. Le niveau de spiritualité d'une personne vous permet de comprendre comment interagir avec elle, vous n'arriverez pas à parler spiritualité avec une personne du premier niveau, car cela ne l'intéresse pas.

La méditation et le travail sur soi peuvent aider à notre évolution spirituelle ; cela peut aller plus ou moins rapidement selon les personnes, les blocages, les peurs, les préjugés de chacun. L'important est de vivre dans le présent et avec un état d'esprit ouvert. Ces qualités de base peuvent vous mener à tenter différentes expériences que je vous invite à découvrir (méditations, festivals spirituels, rencontres, etc.).

Je vous conseille néanmoins de toujours bien rester sur vos gardes face aux personnes que vous rencontrez et qui peuvent être des charlatans et des profiteurs. Pour cela, apprenez à écouter votre intuition et développer votre sens de l'analyse.

Retenez que si vous vous sentez mal dans une situation ou un moment, ce n'est que temporaire et très court ; rien ne dure et tout est éphémère. Ne vous complaisez jamais dans une situation où tout change tout le temps autour de vous et en vous.

Retenez que vous êtes parfait, à votre manière, et vous pouvez décider d'être exactement qui vous voulez. La plasticité cérébrale est infinie durant toute la vie ; vous pouvez, à tout moment, changer, apprendre à mieux vous connaître. Toutes les qualités dont vous avez besoin pour réussir votre vie sont en vous et dépendent de vous. Travaillez sur vous-même afin d'exprimer le plus possible ce que vous souhaitez faire ressortir pour le monde.

Note de l'auteur

Comme je vous l'expliquais dans la présentation, je suis entrepreneur avant d'être écrivain. J'ai pour rêve de créer des « salles de sport du cerveau » ou des « salles de bonheur ». Je pense que l'avenir de l'humanité se trouve dans le développement de sa propre spiritualité et j'aimerais modestement contribuer à permettre le développement de ce secteur en structurant une offre. L'idée serait de réaliser des exercices collectifs qui permettraient d'aider les gens à passer à l'action, des exercices pour se libérer de ses peurs, pour prendre confiance, des exercices de méditations, etc.

Je cherche à rencontrer des personnes qui partagent ma vision et qui sont dans l'action pour aider un maximum de monde à mieux se sentir dans leur vie. Si vous êtes intéressés par l'idée de créer quelque chose et que vous avez des compétences opérationnelles, en sachant mener des exercices en ce sens, contactez-moi : marc.kenji.dorel@gmail.com

Merci à vous pour votre lecture !

Récapitulatif des exercices proposés

Je suis conscient du nombre élevé d'exercices proposés, voici une synthèse pour que vous n'ayez pas à relire 10 fois l'ouvrage à chaque fois que vous cherchez un exercice !

Je vous incite tout de même à relire ce livre pour saisir et appliquer les concepts au quotidien, dans votre vie.

– Arrêter de mettre un réveil le matin (I.2)
– Se libérer de ses peurs (II.1)
– Se détendre dans une situation de stress, de peur (II.1)
– Les petites victoires (II.1)
– Passer à l'action (III.1)
– Améliorer la confiance en soi (III.1)
– Carnet de la gratitude, vos 3 kifs par jour (III.2)
– Devenez optimiste (III.5)
– Exercice de conscience de votre vie (III.3)
– Méditation de pleine conscience (V.3)
– Méditation par visualisation (V.3)
– Méditation par autohypnose (V.3)
– Méditation transcendantale (V.3)

Remerciements

Je tiens à remercier toutes les personnes qui ont contribué à l'écriture de ce livre, ainsi que mon éditrice Hélène Jacob et ses équipes, sans lesquelles celui-ci n'aurait pas eu la teneur et la qualité dont (me semble-t-il) il dispose actuellement.

– Camille Gomes, étudiante en neurosciences.

– Marion Maudry, cadre dirigeante à la sécurité sociale.

– Nicolas Bertin, Post-doc en physique quantique à Stanford.

– Christine Prat, Docteur en biologie.

– Margaret O'loan, professeur de yoga depuis plus de vingt ans.

– Lune, artiste, chaman et énergéticienne.

– Willem Arthman, chaman pragmatique.

– Chloé Lessage, coach mentale chez Eurythmia, qui combine intelligence collective et développement personnel, fondé sur l'émotion, l'expérience et les messages du corps.

– Étienne Chaize, journaliste.

À propos de l'auteur

Marc Dorel est un serial entrepreneur, en « management libéré » (pour faire changer les organisations) et en circuits courts (pour faire changer nos modes d'alimentation).

Il a écrit *Le Management libéré*, qui a été une source d'inspiration pour la création d'une entreprise de conseil et a favorisé l'évolution de nombreux groupes, en les aidant à améliorer leurs méthodes de management.

La Spiritualité Libérée est un ouvrage simple et pragmatique pour tendre vers plus de bonheur, porter un regard spirituel sur l'existence et s'ouvrir à d'autres réflexions.

La spiritualité est souvent liée à la religion. Elle ne l'est pas dans cet ouvrage et permet de comprendre que l'on peut être spirituel sans être forcément croyant.

La vie est belle, vous pouvez à tout moment le redécouvrir et être heureux chaque jour.

Aidez-vous à kiffer votre quotidien !

Suivez toute son actualité d'auteur et entrepreneur sur sa page Facebook : facebook.com/marcdorelentrepreneur/.

Du même auteur

Le management libéré (2013)

Retrouvez tous les titres et l'actualité des Éditions HJ :

Sur notre site Internet :
editionshelenejacob.com

Sur Facebook :
facebook.com/EditionsHJ

Sur Twitter :
twitter.com/EditionsHJ

www.ingramcontent.com/pod-product-compliance
Lightning Source LLC
LaVergne TN
LVHW010431230826
846092LV00009BA/1118